ΙΟΟ×ΘΕΟΣ

Εκατό βιβλικές δηλώσεις και σκέψεις για τον Θεό

Ελένη Στάμμπκε

Bibliografische Information der Deutschen Nationalbibliothek:
Die Deutsche Nationalbibliothek verzeichnet diese Publikation in der
Deutschen Nationalbibliografie; detaillierte bibliografische Daten sind im
Internet über dnb.dnb.de abrufbar.

© 2025 Eleni Stambke (eleni.vug-band.de und soinea.com)
Umschlaggestaltung und Illustration: Alexander Stambke

Verlag: BoD · Books on Demand GmbH, In de Tarpen 42, 22848 Norderstedt,
bod@bod.de

Druck: Libri Plureos GmbH, Friedensallee 273, 22763 Hamburg

1. Auflage 2025
ISBN: 978-3-7693-5815-5

Für die Wiedergabe der Bibelzitate wurden aus verschiedenen
Bibelübersetzungen und dem griechischen Urtext eigene Texte entwickelt.

ΠΡΙΝ ΞΕΚΙΝΗΣΟΥΜΕ...

Θεέ μου! Θεός και Κύριος! Για όνομα του Θεού! Μόνο ο Θεός ξέρει! Αν θέλει ο Θεός! Ο Θεός και η μοίρα μας! Ο Θεός βοηθός!

Προφέρουμε πραγματικά πολύ συχνά το όνομα του Θεού. Ποιος είναι όμως αυτός ο Θεός; Δεν τον βλέπουμε, δεν τον ακούμε, ούτε και τον αισθανόμαστε. Πώς μπορούμε λοιπόν να ξέρουμε πώς είναι ο Θεός, τι θεωρεί καλό και τι αποστρέφεται, τι είναι σημαντικό για Αυτόν, πως ενεργεί, και ποια είναι τα σχέδιά του;

Διαβάζοντας την Αγία Γραφή βρήκα πολλές απαντήσεις που αφορούν τον Θεό και τον κόσμο γύρω μας. Ανακάλυψα πολλά καινούργια πράγματα και υπογράμμισα πολλά σημαντικά εδάφια. Δημιουργήθηκε τότε μέσα μου η επιθυμία να καταγράψω κάποιες από τις βιβλικές αλήθειες για τον Θεό, μαζί με τις προσωπικές μου σκέψεις, και να τις μοιραστώ και με άλλους. Έτσι προέκυψε αυτό το βιβλίο.

Το βιβλίο **100xΘΕΟΣ** περιέχει εκατό βιβλικές δηλώσεις για τον Θεό, που στηρίζονται σε χωρία της Αγίας Γραφής.

Ποιος είναι ο σκοπός του;

Το βιβλίο αυτό δεν είναι ένα θεολογικό ή διδαχτικό βιβλίο. Είναι μια παρότρυνση και μια βοήθεια για τον αναγνώστη, ώστε να σκεφτεί για τον Θεό και να τον γνωρίσει καλύτερα μέσα από την αγία Γραφή. Κάποια ίσως να μην είναι από την αρχή κατανοητά. Για αυτόν τον λόγο προσπάθησα να ρίξω φως σταδιακά σε ορισμένα βασικά θέματα που αναφέρει η Γραφή.

Πώς είναι η δομή αυτού του βιβλίου;

Οι εκατό δηλώσεις για τον Θεό σε αυτό το βιβλίο χωρίζονται σε τέσσερις βασικές ενότητες:

Η ενότητα ΤΟ ΕΙΝΑΙ ΤΟΥ ΘΕΟΥ περιλαμβάνει δηλώσεις σχετικά με το όνομα του Θεού, τις ιδιότητες του και τα χαρακτηριστικά του, όπως η Δύναμή του, η Δικαιοσύνη του, η Σοφία του, η Αγάπη του, η Πιστότητα του, και το Έλεος του, καθώς επίσης και δηλώσεις για το τι εγκρίνει και τι αποδοκιμάζει ο Θεός.

Στην ενότητα Ο ΥΙΟΣ ΤΟΥ ΘΕΟΥ αναφέρονται πολλά για τον Ιησού Χριστό και για το πώς ο Θεός αποκαλύπτει τον εαυτό του μέσω του Χριστού. Περιλαμβάνονται επίσης τα γνωστά λόγια του Ιησού που ξεκινούν με «ΕΓΩ ΕΙΜΑΙ».

Στην ενότητα Η ΠΡΟΣΚΛΗΣΗ ΤΟΥ ΘΕΟΥ γίνεται φανερό το ενδιαφέρον του Θεού για τον άνθρωπο, όπως και η πρόθεση και επιθυμία του να ανορθώσει αυτόν τον κόσμο και εμάς τους ανθρώπους.

Ακολουθεί η τελευταία ενότητα, ΤΟ ΣΧΕΔΙΟ ΤΟΥ ΘΕΟΥ. Εκεί βρίσκονται τα χωρία για την συγχώρεση που δίνει ο Θεός, για ένα νέο ξεκίνημα στη ζωή, τη σχέση του ανθρώπου με τον Θεό ως Πατέρα, το τι σημαίνει να είναι κάποιος μαθητής του Ιησού Χριστού, και ποιο θα είναι το αιώνιο μέλλον της Εκκλησίας του.

Πώς μπορεί να χρησιμοποιηθεί αυτό το βιβλίο;

✓ Σαν συνοδός και οδηγός για ένα ταξίδι γνωριμίας με τον Θεό με διάρκεια 100 ημερών, διαβάζοντας κάθε μέρα ένα απόσπασμα από το βιβλίο και αναζητώντας τα σχετικά εδάφια από την Αγία Γραφή.

✓ Σαν σημειωματάριο για την καθημερινή μελέτη της Αγίας Γραφής, αφού προσφέρει χώρο για σημειώσεις και σκέψεις, ενθαρρύνοντας έτσι την ενεργή ανάγνωση.

✓ Σαν συλλογή κειμένων ή ανθολόγιο για τακτική ανάγνωση προς αναψυχή, καθώς επανέρχεται στη μνήμη η μεγαλοσύνη του Θεού.

Προσωπικά ωφελούμαι κάθε φορά που διαβάζω αυτές τις δηλώσεις για τον Θεό. Οι σκέψεις μου δεν περιορίζονται μόνο στον εαυτό μου και στον μικρό μου κόσμο, αλλά στρέφονται προς κάποιον πολύ μεγαλύτερο. Αναγνωρίζω το βαθύ ενδιαφέρον που έχει ο Θεός για μένα και για κάθε άνθρωπο, τη μεγάλη του δύναμη και τις ανεξάντλητες δυνατότητές του. Και συνειδητοποιώ ξανά πόσο πλούσια κάνει τη ζωή μου η παρουσία του Θεού!

Θα θέλατε να ξεκινήσετε αυτό το ταξίδι ανακάλυψης, με αυτό το βιβλίο ως σύντροφό και οδηγό; Αξίζει τον κόπο! Γιατί ακόμη κι αν δεν μπορέσουμε να κατανοήσουμε απόλυτα τον Θεό σε αυτή τη ζωή, σίγουρα θα μπορέσουμε να τον γνωρίσουμε λίγο καλύτερα!

> *Ω, βάθος πλούτου και σοφίας και γνώσης Θεού!*
>
> *Πόσο ανεξερεύνητες είναι οι κρίσεις Του, και ανεξιχνίαστοι οι δρόμοι Του!*
>
> *Επειδή, ποιος γνώρισε τον νου του Κυρίου; Ή, ποιος έγινε σύμβουλός Του; Ποιος έδωσε πρώτος κάτι σ' Αυτόν, και θα του γίνει ανταπόδοση;*
>
> *Επειδή, από Αυτόν, και διαμέσου Αυτού, και σε Αυτόν είναι τα πάντα, σ' Αυτόν ανήκει η δόξα στους αιώνες.*
>
> *(προς Ρωμαίους 11:33-36)*

Περί του εξώφυλλου του βιβλίου

Το εξώφυλλο του βιβλίου σχεδιάστηκε από τον Alexander Stambke. Απεικονίζει τη μοναδική ποικιλομορφία της Δημιουργίας, καθώς και την υπεροχή της δύναμής και σοφίας του Δημιουργού Θεού.

Ο Θεός, ο πλάστης του σύμπαντος και του κόσμου μας.
Ο Θεός, ο δότης και ο συντηρητής της ζωής.
Ο Θεός, η προέλευση μας και ο προορισμός μας.

Inhaltsverzeichnis

9

ΤΟ ΕΙΝΑΙ ΤΟΥ ΘΕΟΥ

1. Ο ΘΕΟΣ ΛΕΕΙ: ΕΓΩ ΕΙΜΑΙ

«Εγώ είμαι», ΓΙΑΧΒΕ είναι το όνομα του Θεού. Αυτός *ΕΙΝΑΙ*.
Το *ΕΙΝΑΙ* έχει την προέλευσή του στον Θεό. Και ο Θεός είναι αυτός που ορίζει την σημασία του *ΕΙΝΑΙ*:
Επειδή αυτός *ΕΙΝΑΙ*, όλα τα άλλα μπορούν επίσης να είναι.
Επειδή αυτός *ΕΙΝΑΙ*, μπορούμε και εμείς να *είμαστε*.
Επειδή αυτός ζει, μπορούμε και εμείς να ζούμε.

Ο Θεός είναι ο ειδικός, ο γνώστης σε θέματα ύπαρξης, σε θέματα ζωής. Είναι η πηγή της ζωής. Και επειδή ο Θεός είναι αυτός που ορίζει το τι θα πει ζωή, το τι θα πει να ζεις, είναι καλό για εμάς τους ανθρώπους αν προσαρμόζουμε την ύπαρξή μας και τον τρόπο που ζούμε σύμφωνα με τις οδηγίες του Θεού.

Αλλά στα μάτια του Θεού, το να *είναι* κάποιος, το να ζει κάποιος, δεν σημαίνει μόνο απλά το να *υπάρχει* κάποιος, αλλά το να έχει ζωή γεμάτη, πλήρης. Μια πληρότητα που προέρχεται από τη γνώση ότι ο Θεός μας έχει δεχτεί και είναι μαζί μας με τη σοφία και τη δύναμή του σε κάθε κατάσταση της ζωής. Αυτό γεμίζει την ανθρώπινη καρδιά με χαρά και αισιοδοξία. Αυτό μας ζωοποιεί!

Μια τέτοια πληρότητα ζωής έχουμε όταν μένουμε στενά συνδεδεμένοι με τον Θεό. Όταν ο Θεός κατοικεί στην ανθρώπινη καρδιά. Αν ένας άνθρωπος ζητήσει και αφήσει τον Θεό να τον αλλάξει και να τον ανακαινίσει εσωτερικά, τότε το *ΕΙΝΑΙ* του Θεού μπορεί να ζει μέσα σε αυτόν τον άνθρωπο. Αυτή είναι η πιο στενή σύνδεση που θα μπορούσε ποτέ να υπάρξει!

Ναι, ο Θεός *ΕΙΝΑΙ*. Και θέλει να *είμαστε* κι εμείς. Μας έδωσε ζωή και μας καλεί να ζήσουμε τη ζωή μας μαζί του, να την σχεδιάζουμε μαζί του. Θέλει να μας χαρίσει ευλογίες, να μας ευεργετήσει και να είναι δίπλα μας σε κάθε κατάσταση της ζωής.

13

Θα δεχθούμε την πρόσκλησή του; Θα του εμπιστευτούμε τη ζωή μας; Αν το κάνουμε αυτό, τότε ισχύει για εμάς η υπόσχεση της αιώνιας ζωής. Πως δεν θα *είμαστε,* δεν θα υπάρχουμε μόνο εδώ και τώρα, αλλά θα *είμαστε* μαζί με τον Θεό για πάντα, αιώνια.

Για αυτό δίνει ο Θεός εγγύηση με το όνομά του.

Ήρθα, για να έχουν ζωή άφθονη.
Αν κάποιος με αγαπάει, θα κρατήσει τον λόγο μου
και ο πατέρας μου θα τον αγαπήσει και θα έρθουμε σε αυτόν
και θα κατοικήσουμε μέσα σ' αυτόν.

(Ιησούς Χριστός, κατά Ιωάννην 10:10 και 14:23)

(Έξοδος 3:14-18 και 6:2-3) (Έξοδος 15:3 και 33:19 και 34:6)
(Ησαΐας 42:8) (Ιερεμίας 16:21) (Ωσηέ 12:6)
(Αμώς 4:13 και 5:8 και 9:6) (Α΄ Ιωάννου 3:2)
(προς Ρωμαίους 8:11) (προς Α΄ Κορινθίους 3:16)
(προς Β΄ Τιμόθεον 1:14)

2. Ο ΘΕΟΣ ΛΕΕΙ: ΕΓΩ ΕΙΜΑΙ Ο ΚΥΡΙΟΣ

Ο Θεός διεκδικεί για τον εαυτό του την ύψιστη εξουσία. Στην Αγία Γραφή διαβάζουμε μεν και για άλλες δυνάμεις και εξουσίες, αλλά καμία από αυτές δεν είναι πάνω από τον Κύριο τον Θεό. Το αντίθετο. Διαβάζουμε ότι ο Θεός είναι ο Ύψιστος, *Ελ Ελυόν*. Είναι ο Θεός όλων των θεών και ο Κύριος όλων των κυρίων. Δημιούργησε τα πάντα, μαζί με όλες τις δυνάμεις, τους θρόνους και τις εξουσίες στον ορατό και αόρατο κόσμο.

Και όχι μόνο αυτό. Επειδή η δύναμη ανήκει στον Θεό Παντοκράτορα, μπορεί να τη δώσει Αυτός σε όποιον θέλει. Και έτσι ακριβώς μπορεί να την πάρει και πάλι πίσω. Αυτό λέει η Γραφή, και αυτό βλέπουμε επίσης στο πέρασμα της παγκόσμιας ιστορίας.

Ο βασιλιάς Ναβουχοδονόσορας της Βαβυλώνας το βίωσε αυτό από πρώτο χέρι. Διαβάζουμε ότι όλα τα έθνη έτρεμαν μπροστά στη δύναμή του. Μπορούσε να κάνει σχεδόν ό,τι ήθελε. Αλλά η καρδιά του γέμισε υπερηφάνεια. Η υπερηφάνεια όμως προηγείται της πτώσης. Και ο Ναβουχοδονόσορας έπεσε. Πολύ χαμηλά. Εγκαταλελειμμένος, απομονωμένος και χωρίς αξιοπρέπεια, αναγνώρισε ότι μόνο ο ύψιστος Θεός είναι ΚΥΡΙΟΣ, και ότι Αυτός δίνει εξουσία μόνο σε όποιον θέλει.

Δυστυχώς, κάποιοι άνθρωποι φαίνεται να μην το συνειδητοποιούνε αυτό. Επειδή τους έχει δοθεί κάποια δύναμη, γίνονται αλαζόνες. Είναι εγωιστές, σκληροί και αδίστακτοι. Καταλαβαίνουν λάθος τι θα πει ηγεμόνας και κυβερνήτης και το συγχέουν με πάθος για εξουσία, με καταπίεση και εκμετάλλευση.

Δεν κάνει έτσι ο Θεός. Ενώ αυτός έχει την ύψιστη εξουσία, είναι ωστόσο φιλεύσπλαχνος και ελεήμονας. Γιατί, το έλεός του Θεού παραμένει στον αιώνα. Όπως ακριβώς και η βασιλεία του, η οποία είναι πέρα από τα όρια χώρου και χρόνου.

Ναι, ο Θεός είναι η αρχή και το τέλος. Η προέλευση και ο προορισμός όλων όσων υπάρχουν. Και μόνο Αυτός είναι ο ΚΥΡΙΟΣ!

Εγώ είμαι ο Κύριος, και δεν υπάρχει άλλος.
Δεν υπάρχει Θεός εκτός από εμένα.
Από την ανατολή του ηλίου μέχρι τη δύση του
ας καταλάβουν ότι δεν υπάρχει κανένας άλλος εκτός από
εμένα. Εγώ είμαι ο Κύριος και κανένας άλλος.

(Ησαΐας 45:5-6)

Δοξολογείτε τον Θεό των θεών
γιατί το έλεός Του μένει στον αιώνα.
Δοξολογείτε τον Κύριο των κυρίων
γιατί το έλεός Του μένει στον αιώνα.

(Ψαλμός 136:2-3)

(Γένεσις 14:18-20) (Έξοδος 6:2- και 8:18)
(Έξοδος 10:2 και 14:18) (Λευιτικόν 11:44)
(Δευτερονόμιον 10:17)
(Ησαΐας 43:11 και 44:6-8 και 45:5 και 45:21 και 46:9-11)
(Ιερεμίας 24:7) (Ιεζεκιήλ 37:13) (Δανιήλ 4:34)
(κατά Μάρκον 5:7) (προς Α' Κορινθίους 8:6)
(προς Κολοσσαείς 1:16 και 2:10) (Αποκάλυψη Ιωάννου 22:13)

3. Ο ΘΕΟΣ ΛΕΕΙ: ΕΓΩ ΕΙΜΑΙ ΘΕΟΣ ΠΑΝΤΟΔΥΝΑΜΟΣ

Ο Θεός ονομάζεται στη Βίβλο επίσης ΕΛ ΣΑΝΤΑΙ. Ο Παντοδύναμος, ο Παντοκράτορας. Τι σημαίνει αυτό;

Ο Θεός είναι ο Δημιουργός. Μιλάει και γίνεται. Ό,τι υπάρχει είναι μελετημένο και φτιαγμένο από Αυτόν. Ο Θεός έχει τη δύναμη να φέρει τις σκέψεις του σε ύπαρξη, να κάνει τα μη όντα σε όντα. Εκ του μηδενός!

Ο Θεός έχει επίσης τη δύναμη να εκτελέσει το σχέδιό του και να πραγματοποιήσει το θέλημά του. Κρατάει τα ηνία ακόμα και όταν ο κόσμος φαίνεται να βυθίζεται στο χάος. Ο Θεός έχει πάντα τον έλεγχο. Τίποτα δεν τον εκπλήσσει, τίποτα δεν υπερβαίνει τις δυνάμεις του. Αυτός γνωρίζει πότε είναι η κατάλληλη στιγμή να παρέμβει. Έχει τη δύναμη να δώσει σε κάτι μια αρχή, αλλά και να βάλει τέλος.

Ο Θεός είναι η ανώτατη εξουσία. Είναι ο Παντοδύναμος Θεός.

> *Έτσι λέει ο Παντοδύναμος Κύριος: Εγώ Είμαι ο Πρώτος και ο Έσχατος. Δεν υπάρχει Θεός εκτός από Μένα.*
>
> *(Ησαΐας 44:6)*

 (Γένεσις 17:1 και 18:14 και 28:3 και 35:11) (Έξοδος 6:3) (Α' Χρονικών 29:11) (Ιερεμίας 32:27) (Εφεσίους 1:12) (Αποκάλυψη Ιωάννου 1:8)

4. Ο ΘΕΟΣ ΛΕΕΙ: ΕΓΩ ΕΙΜΑΙ ΕΛΕΗΜΟΝΑΣ

Ο Θεός είναι πάνω από όλα και από όλους. Αυτός μπορεί να κρίνει, να αποφασίσει και δεν λογοδοτεί σε κανέναν. Η κρίση του είναι δίκαιη, η ματιά του με μεγάλη ακρίβεια, τίποτα δεν του διαφεύγει. Βλέπει το καλό αλλά και το κακό.

Και παρόλες τις ατέλειές και τα λάθη μας, Εκείνος θέλει να είναι κοντά μας. Μας συμπεριφέρεται σαν φίλους, και ανταποκρίνεται στις επιθυμίες μας κατά την σοφία του.

Το μεγάλο έλεός του Θεού όμως έγινε εντελώς φανερό, όταν Αυτός μίκρυνε τον εαυτό του και κατέβηκε τόσο χαμηλά για χάρη μας. Στον Ιησού Χριστό, ο Θεός έγινε άνθρωπος, όπως εμείς, για να μας ελευθερώσει από αυτό που μας καταστρέφει, την αμαρτία. Ως ανώτατη αρχή, ο Θεός θα μπορούσε απλά να βάλει ένα γρήγορο τέλος σ' αυτόν τον απείθαρχο κόσμο. Αλλά Εκείνος διάλεξε τη χάρη και το έλεος. Αυτό δείχνει πόσο μεγαλόκαρδος είναι ο Θεός και πόσο υπέροχη η φύση του.

Ο Κύριος κήρυξε: Ο ΚΥΡΙΟΣ, ο Θεός είναι οικτίρμονας και ελεήμονας, αργός στον θυμό, πλούσιος σε χάρη και αληθινός.

(Έξοδος 34:6)

(Έξοδος 22:26 και 33:19 και 34:6) (Νεεμίας 9:17)
(Ησαΐας 54:10) (Ωσηέ 11:8) (Ιωήλ 2:13)

5. Ο ΘΕΟΣ ΛΕΕΙ: ΕΓΩ ΕΙΜΑΙ ΑΥΤΟΣ ΠΟΥ ΕΝΕΡΓΕΙ ΤΑ ΠΑΝΤΑ

Ο Θεός είναι αυτός που ενεργεί τα πάντα. Στον ουρανό και στη γη. Αυτός επινοεί, σχεδιάζει, εκτελεί, όλα όσα υπάρχουν. Και αυτός οδηγεί τα πάντα εκεί που ο ίδιος έχει προσδιορίσει. Με ακρίβεια και μοναδική τελειότητα.

Τη δύναμη και την σοφία του Θεού την βλέπουμε γύρω μας παντού. Τα μεγάλα και μικρά θαύματα στον κόσμο μας κάνουν πλούσια τη ζωή μας. Δείχνουν τη δημιουργική δύναμη του Θεού, την αγάπη του για την λεπτομέρεια και την τέλεια αίσθηση ομορφιάς του. Μας δίνουν μια γεύση από τη δόξα, την λάμψη, και την τελειότητα που περιβάλλουν τον Θεό.

Και αυτός ο ίδιος ο Θεός είναι εκείνος που μας χαρίζει ζωή, και που διατηρεί τη ζωή μας. Και θέλει η παρουσία του να είναι και μέσα στη ζωή μας. Θέλει να είναι κοντά μας, να μας στηρίζει σε κάθε πρόκληση και δυσκολία. Ο Θεός είναι αυτός που κρατά τα πάντα στο χέρι του. Είναι ο Μεγάλος στο πλάι μας, μέσα στον μικρό τον κόσμο μας.

Έτσι λέει ο Κύριος που σε ελευθερώνει και σε πλάθει στην κοιλιά της μητέρας σου: Εγώ ο Κύριος που ενεργεί τα πάντα, εξέτεινα τον ουρανό μόνος μου και στερέωσα τη γη.

(Ησαΐας 44:24)

 (Ησαΐας 40:26 και 44:24 και 45:7 και 45:12 και 48:13)

19

6. Ο ΘΕΟΣ ΛΕΕΙ: ΕΓΩ ΕΙΜΑΙ Ο ΚΥΡΙΟΣ ΠΟΥ ΣΕ ΚΑΛΕΙ ΜΕ ΤΟ ΟΝΟΜΑ ΣΟΥ

Όταν ακούω κάποιον να φωνάζει το όνομά μου, αυτό τραβάει την προσοχή μου με κάνει να στραφώ προς την κατεύθυνση της φωνής. Συνήθως χαίρομαι όταν κάποιος ξέρει το όνομά μου. Ανοίγομαι περισσότερο σ 'αυτό το άτομο και του δίνω μεγαλύτερη προσοχή.

Ο Θεός μας καλεί με το όνομά μας. Θέλει να κερδίσει την προσοχή μας γιατί αυτό που έχει να μας πει έχει ύψιστη σημασία. Γνωρίζει το όνομά μας γιατί έχουμε για Αυτόν μεγάλη αξία. Από όλες τις φωνές που μας καλούν σε αυτόν τον κόσμο, η φωνή του Θεού είναι η πιο σημαντική. Αυτή ποτέ δεν μας παραπλανά.

Όταν ο Θεός καλεί το όνομά μας, θέλει να μας ευλογήσει, να μας καθοδηγήσει και να μας δείξει τον σωστό δρόμο. Θέλει να μας φέρει στον προορισμό μας, ώστε να είμαστε μαζί του για πάντα, και να ζήσουμε σε έναν τέλειο μελλοντικό κόσμο, εκεί που ο χώρος και ο χρόνος δεν θα έχουν πλέον καμιά σημασία.

Όταν έρθει εκείνη η μέρα, όλοι όσοι παρέμειναν πιστοί στον Θεό σε αυτή τη ζωή, θα λάβουν από Εκείνον ένα νέο και ιδιαίτερο όνομα. Ως υπέρτατη τιμή, ως θεία ανταμοιβή, και ως ένδειξη της αναγνώρισής του!

Ο Κύριος λέει: Μη φοβάσαι, γιατί σε ελευθέρωσα.
Σε κάλεσα με το όνομά σου. Ανήκεις σε μένα.

(Ησαΐας 43:1)

 (Ησαΐας 45:3) (Αποκάλυψη Ιωάννου 2:17) (Αποκάλυψη Ιωάννου 3:12)

7.   Ο ΘΕΟΣ ΛΕΕΙ: ΕΓΩ ΕΙΜΑΙ Ο ΚΥΡΙΟΣ ΠΟΥ ΑΓΑΠΑ ΔΙΚΑΙΟΣΥΝΗ ΚΑΙ ΜΙΣΕΙ ΑΔΙΚΙΑ

Αν νομίζουμε ότι ο Θεός δεν νοιάζεται για την αδικία στον κόσμο μας, τότε κάνουμε μεγάλο λάθος. Ο Θεός μισεί την αδικία και γι' αυτό υπάρχουν πολλά εδάφια στη Αγία Γραφή που μας προτρέπουν να υπερασπιζόμαστε τη δικαιοσύνη και να εργαζόμαστε για αυτήν. Να αγαπάμε και να βοηθάμε τον πλησίον μας, να δείχνουμε έλεος για τους φτωχούς και ανήμπορους, να είμαστε η φωνή των καταπιεσμένων.

Αλλά αν ο Θεός μισεί τόσο την αδικία, γιατί τότε δεν επεμβαίνει, γιατί δεν την αποτρέπει;

Στην πραγματικότητα, ο Θεός παρεμβαίνει. Όμως όχι πάντα με τον τρόπο που περιμένουμε εμείς. Ο Θεός χτυπάει το πρόβλημα στη ρίζα του. Γιατί το να έχουμε σωστή αντίληψη του δικαίου και να πράττουμε με δικαιοσύνη, είναι κάτι που πηγάζει από μέσα μας, Γι' αυτό ο Θεός θέλει πρώτα να αλλάξει τους ανθρώπους εσωτερικά. Εάν εμείς ως άνθρωποι σκεφτόμαστε δίκαια, τότε οι πράξεις μας ακολουθούν τον ίδιο δρόμο, και έτσι συμβάλλουμε στο να γίνει αυτός ο κόσμος πιο δίκαιος.

Σε αυτό το σημείο, η προσπάθεια έχει μεγαλύτερη σημασία από το μέγεθος της συνεισφοράς μας. Αυτό που πραγματικά μετράει είναι η πρόθεσή μας να συνεργαστούμε. Το να θέλουμε να διαθέσουμε τις δυνατότητες και τις ικανότητές μας, ώστε να μας χρησιμοποιήσει ο Θεός για να φέρει αλλαγή και ανανέωση σ' αυτόν τον κόσμο. Ο Θεός έχει ήδη ξεκινήσει αυτό το έργο και σίγουρα θα το ολοκληρώσει. Μας προσφέρει, όμως, τη δυνατότητα να συμμετέχουμε ενεργά, καθώς με χαρά αναμένουμε το αποτέλεσμα! Διότι, στο τέλος, ο Θεός θα επιτύχει τον καλό του σκοπό για αυτόν τον κόσμο.

Όταν επιστρέψει, ο Ιησούς Χριστός ο Υιός του Θεού, θα αναλάβει Εκείνος την εξουσία. Τότε το όνειρο του κάθε ανθρώπου για έναν κόσμο δίκαιο και ειρηνικό θα γίνει επιτέλους πραγματικότητα.

Μην διαθέτετε τα μέλη σας στην αμαρτία ως όπλα αδικίας. Διαθέστε τον εαυτό σας στον Θεό, σαν κάποιους που ήταν νεκροί και τώρα ζουν. Διαθέστε τα μέλη σας στον Θεό ως όπλα δικαιοσύνης!

(κατά προς Ρωμαίους 6:13)

Ο Θεός σου έδειξε, άνθρωπε, τι είναι καλό και τι θέλει από σένα: Να ενεργείς δικαιοσύνη, να αγαπάς το έλεος, και να περπατάς ταπεινά με τον Θεό σου.

(Μιχαίας 6:8)

 (Ησαΐας 45:19) (Ησαΐας 61:8) (Ψαλμός 11:7) (Ψαλμός 33:5) (Ψαλμός 116:5)

8. Ο ΘΕΟΣ ΛΕΕΙ: ΕΓΩ ΕΙΜΑΙ Ο ΚΥΡΙΟΣ Ο ΘΕΟΣ ΣΟΥ ΠΟΥ ΣΟΥ ΜΑΘΑΙΝΕΙ ΤΟΝ ΣΩΣΤΟ ΔΡΟΜΟ

Η ερώτηση, ποιος είναι ο σωστός δρόμος στη ζωή, απασχολεί σχεδόν κάθε άνθρωπο. Πολλοί ακόμα ψάχνουν. Κάποιοι βρήκαν τον δρόμο τους, ενώ κάποιοι άλλοι διαπιστώνουν μια μέρα ότι πήραν λάθος δρόμο.

Υπάρχει τρόπος να επιστρέψουμε στο σημείο που κάναμε τη λάθος στροφή; Υπάρχει ένας καινούριος, σωστός δρόμος; Υπάρχει μια καινούργια αρχή; Ναι, πράγματι υπάρχει. Το μόνο που χρειάζεται είναι να προσέξουμε τις πινακίδες. Τις πινακίδες του Θεού. Στη Γραφή βρίσκουμε πολλές τέτοιες.

Απαγορευτικές πινακίδες και πινακίδες αναγγελίας κινδύνου για την ασφάλειά μας. Υποχρεωτικές πινακίδες για αποφυγή ατυχημάτων. Επίσης πινακίδες με δρόμους διαφυγής αν βρεθούμε σε απειλητικές καταστάσεις. Πινακίδες πυρασφάλειας για βοήθεια σε περίπτωση πυρκαγιάς. Πινακίδες που μας δείχνουν οδούς διάσωσης, εξόδους κινδύνου ή πινακίδες πρώτων βοηθειών.

Φυσικά όλα αυτά εννοούνται μεταφορικά, αλλά μπορούν να μεταφερθούν στην πραγματική ζωή. Γιατί όταν ο Θεός μας λέει κάτι στη Γραφή, είναι επειδή θέλει να μας βοηθήσει, να μας καθοδηγήσει, να μας ελευθερώσει και να μας προστατεύσει. Θέλει να μας διδάξει το τι πραγματικά μας βοηθάει.

Μερικές από αυτές τις πινακίδες της Γραφής τραβούν αμέσως την προσοχή. Κάποιες άλλες γίνονται πιο ξεκάθαρες με τον καιρό, καθώς συνεχίζουμε να διαβάζουμε και να κατανοούμε όλο και περισσότερο τον τρόπο σκέψης του Θεού. Με αυτόν τον τρόπο, μαθαίνουμε να αναγνωρίζουμε ευκολότερα, τι μας δείχνει ο Θεός σε συγκεκριμένες καταστάσεις της ζωής μας. Σίγουρα απαιτεί εξάσκηση. Αξίζει όμως τον κόπο! Γιατί έτσι θα περπατήσουμε στον πιο σίγουρο δρόμο.

Το ερώτημα που μένει είναι: Είμαστε έτοιμοι να ξεκινήσουμε;

Οδήγησέ με στην αλήθεια Σου και δίδαξέ με,
γιατί Εσύ είσαι ο Θεός της σωτηρίας μου.

(Ψαλμός 25:5)

Με τη συμβουλή Σου με καθοδήγησες
και με δόξα θα με πάρεις κοντά Σου.

(Ψαλμός 73:24)

(Ησαΐας 48:17) (Λευιτικόν 18:5) (Ψαλμός 25:9)
(Ψαλμός 32:8) (Ψαλμός 50:15) (Ψαλμός 119:105)
(Ησαΐας 41:10) (κατά Ιωάννην 16:13) (προς Β' Τιμόθεον 3:16)

9. Ο ΘΕΟΣ ΛΕΕΙ: ΕΓΩ ΕΙΜΑΙ Ο ΚΥΡΙΟΣ ΚΑΙ ΟΣΟΙ ΕΛΠΙΖΟΥΝ ΣΕ ΕΜΕΝΑ ΔΕΝ ΘΑ ΝΤΡΟΠΙΑΣΘΟΥΝ.

Σε ποιον ή σε τι βάζουμε την ελπίδα μας;

Στις ικανότητες και στις δυνατότητές μας; Σε καλούς ανθρώπους με καλές προθέσεις; Στην έρευνα και την επιστήμη; Ελπίζουμε στο ότι «όλα θα πάνε καλά» ή στο «όλα γίνονται όπως είναι γραφτό»; Είναι αυτά τα πράγματα γερά θεμέλια για να στηρίξουμε την ελπίδα μας; Ή μήπως είναι έτσι αναπόφευκτη η απογοήτευση, και ίσως ακόμα και η ντροπή;

Η λέξη *ντροπιάζομαι* περιγράφει ένα συναίσθημα που είναι βαθύτερο από την απογοήτευση. Αν απογοητευτώ από κάτι ή κάποιον, αυτό μου ανοίγει τα μάτια. Μου αφαιρεί την αυταπάτη και συνειδητοποιώ ότι έκρινα λάθος. Αν και δεν είναι ευχάριστο, δεν σημαίνει απαραίτητα ότι θα με επηρεάσει ή θα με πληγώσει σε βάθος. Το να *ντροπιαστώ* όμως, αυτό είναι κάτι διαφορετικό. Αυτό αγγίζει το είναι μου, προσβάλλει την αυτοπεποίθηση μου. Μειώνει στα μάτια μου την αξία μου, με πληγώνει βαθιά και με αφήνει με ένα συναίσθημα ανασφάλειας και αμηχανίας.

Ο Θεός λέει ότι όποιος θέτει την ελπίδα του σε Αυτόν τον Κύριο δεν θα ντροπιαστεί Όταν κοιτάμε τα πράγματα μέσα από τα μάτια του Θεού, αποκτούμε την τελική προοπτική, βλέπουμε τα πράγματα από την μεριά του τέλους. Αυτό σημαίνει ότι μπορούμε να εμπιστευτούμε ότι ο Θεός γνωρίζει τον τελικό του στόχο και έχει τη δύναμη να μας οδηγήσει μέχρι εκεί.

Ίσως αυτή τη στιγμή στη ζωή μας να μην κυλούν όλα ομαλά και η αναμονή να φαίνεται ατελείωτη. Όμως, ξέρουμε ότι ο Θεός είναι ανώτερος από κάθε κατάσταση και μας στηρίζει καθώς περνάμε δύσκολες στιγμές. Ο Θεός έχει την τελευταία λέξη. Και ο λόγος του είναι ισχυρός! Τα λόγια του Θεού δίνουν νέα δύναμη στη ζωή μας: «Σε γνωρίζω, σε αγαπώ, είμαι δίπλα σου. Σε στηρίζω, σε βοηθάω, σε κρατάω από το χέρι. Εγώ μπορώ!"

Αυτά είναι τα λόγια που χρειαζόμαστε. Αυτά είναι λόγια ζωής και ελπίδας. Κι όποιος ελπίζει σε αυτά δεν θα ντροπιαστεί ποτέ!

Σε φώναξαν για βοήθεια και σώθηκαν.
Σε Σένα έλπισαν και δεν ντροπιάστηκαν.

(Ψαλμός 22:5)

 (Ησαΐας 49:23) (προς Ρωμαίους 5:5 και 10:11)
(Α' Πέτρου 2:6)

10. Ο Θεός λεει: Εγω Ειμαι ο Κυριος ΣΑΒΑΩΘ, ο Κυριος των Ουρανιων Στρατευματων

ΣΑΒΑΩΘ, ο Κύριος των δυνάμεων, των ουρανίων στρατευμάτων. Στρατεύματα που υπηρετούν τον Θεό και εκτελούν τις εντολές του. Ισχυρά όντα που πολεμούν τον καλό αγώνα του Θεού. Χιλιάδες χιλιάδων και μυριάδες μυριάδων σε αριθμό, που σημαίνει κάτι αμέτρητο. Και ο Θεός είναι ο Κύριός τους.

Αυτό επίσης σημαίνει ότι ο Θεός προστατεύει τους δικούς του και μάχεται γι' αυτούς με αυτά τα ισχυρά ουράνια στρατεύματα. Τα στρατεύματα του Θεού! Υπάρχει ένα περιστατικό στην Αγία Γραφή, στην Παλαιά Διαθήκη, που δείχνει ακριβώς αυτό.

Ο βασιλιάς της Συρίας έκανε πόλεμο στο λαό Ισραήλ. Σε μια νύχτα τα στρατεύματά του έφτασαν στην πόλη Δωθάν και την περικύκλωσαν. Σε αυτή την πόλη ζούσε ο Ελισσαιέ. Ήταν άνθρωπος του Θεού, ένας προφήτης. Ο Θεός του μιλούσε, και ο Ελισσαιέ έφερνε αυτά τα μηνύματα στον βασιλιά και στον λαό.

Όταν ο υπηρέτης του Ελισσαιέ σηκώθηκε νωρίς το πρωί, είδε ότι η πόλη ήταν περικυκλωμένη από πολλά ισχυρά στρατεύματα με άλογα και άρματα. Τότε φώναξε απελπισμένος: «Τι θα να κάνουμε τώρα;» Ο Ελισσαιέ όμως τον καθησύχασε με τα λόγια: «Μη φοβάσαι! Γιατί αυτοί που είναι μαζί μας είναι περισσότεροι!».

Ο Ελισσαιέ προσευχήθηκε να ανοίξει ο Θεός τα μάτια του υπηρέτη του. Έκθαμβος εκείνος μπόρεσε τότε να δει ότι η πόλη προστατευόταν από τα πανίσχυρα στρατεύματα του Θεού. Ουράνιοι μαχητές με άλογα και πύρινα άρματα, σταλμένοι να πολεμήσουν για αυτούς, που ανήκουν στον Θεό.

Ο Θεός στέλνει τους αγγέλους του για να βοηθήσουν και να υπηρετήσουν τους δικούς του. Αυτό αναφέρει αργότερα και η προς Εβραίους επιστολή. Και μπορούμε να εμπιστευόμαστε σε αυτό ακόμη και σήμερα.

Ναι, ο Κύριος ΣΑΒΑΩΘ είναι ο Κύριος των δυνάμεων, των ουρανίων στρατευμάτων. Αυτός εξουσιάζει, αυτός ορίζει και ενεργεί τα πάντα σύμφωνα με το θέλημά του. Στο πλευρό του Ύψιστου και Κραταιού φεύγει ο φόβος, εκεί είμαστε ασφαλείς!

Είδα τον Κύριο να κάθεται στον θρόνο Του,
και όλο το στράτευμα του ουρανού να παραστέκεται
γύρω Του, δεξιά και αριστερά Του.

(Α' Βασιλέων 22:19)

Δοξάστε τον Κύριο, οι άγγελοί Του,
εσείς ισχυροί ήρωες, εκτελεστές του λόγου Του!
Ευλογείτε τον Κύριο, όλα τα στρατεύματά Του,
εσείς οι δούλοι Του που κάνετε το θέλημά Του.

(Ψαλμός 103:20-21)

(Β' Βασιλέων 6:8-23) (Ψαλμός 24:10) (Ψαλμός 46:7)
(Ησαΐας 1:24 και 37:16) (Δανιήλ 7:10) (προς Εβραίους 1:14)
(Αποκάλυψη Ιωάννου 5:11)

11. Ο ΘΕΟΣ ΛΕΕΙ: ΕΓΩ ΕΙΜΑΙ Ο ΚΥΡΙΟΣ Ο ΘΕΟΣ ΚΑΘΕ ΣΑΡΚΑΣ

Ο Θεός των ουρανίων στρατευμάτων είναι επίσης ο Θεός κάθε σάρκας. Αυτό σημαίνει ότι είναι Θεός όλων των πλασμάτων. Δίνει πνοή, δίνει ζωή και ορίζει και το τέλος της ζωής. Είναι η προέλευση, ο επινοητής και ο συντηρητής της ζωής. Επίσης και της δικιάς μας ζωής.

Είναι προφανές ότι όλα τα πλάσματα του Θεού, συμπεριλαμβανο-μένων και των ανθρώπων, εξαρτώνται πλήρως από Αυτόν. Το αναγνωρίζουμε αυτό; Κι αν ναι, πως επηρεάζει αυτή η γνώση τον τρόπο που ζούμε;

Αν ρωτήσει κανείς μια ομάδα ανθρώπων, ποιος είναι ο Θεός τους, πιθανώς πολύ λίγοι θα απαντήσουν: η δουλειά μου, το χόμπι μου, η περιουσία μου, η οικογένειά μου, η ευημερία μου και άλλα παρόμοια. Κι όμως ακριβώς αυτά καταλαμβάνουν συχνά τη θέση του Θεού στη ζωή μας.

Ας ρωτήσουμε τον εαυτό μας, για ποιον ζούμε; Ποιος ή τι γεμίζει, τι καθορίζει την καθημερινότητά μας, τον ελεύθερο χρόνο μας, τα έξοδά μας; Γύρω από τι ή ποιον περιστρέφονται οι σκέψεις μας περισσότερο; Είναι ο Θεός το κέντρο της ζωής μας, ή άλλα πράγματα και άνθρωποι;

Ο Χριστός είπε κάποτε, ότι κανείς δεν μπορεί να υπηρετήσει δύο κυρίους με την ίδια αφοσίωση ταυτόχρονα. Δεν φτάνει ο χρόνος και η ενέργεια που έχουμε για αυτό. Ο Χριστός είπε επίσης και κάτι άλλο. Ότι όπου είναι ο θησαυρός μας, εκεί θα είναι και η καρδιά μας. Επομένως, είναι μια συνειδητή απόφαση καρδιάς, το ποιον θα βάλουμε πρώτο στη ζωή μας. Και την παίρνουμε αυτήν την απόφαση όχι μόνο μία φορά στη ζωή μας, αλλά ξανά και ξανά. Ειδικά όταν άλλα πράγματα απειλούν να αποσπάσουν την πλήρη προσοχή μας. Σε τέτοιες στιγμές αυτό που μας βοηθάει και μας δυναμώνει είναι το να λέμε συνειδητά τα λόγια: «Κύριε, εσύ είσαι ο Θεός κάθε σάρκας, και μόνο Εσύ είσαι Θεός μου».

Να αγαπάς τον Κύριο τον Θεό σου με όλη την καρδιά σου,
με όλη την ψυχή σου, με όλη τη δύναμή σου,
και με όλη τη διάνοιά σου.

(κατά Λουκάν 10:27)

 (Ησαΐας 51:15) (Ιερεμίας 32:27) (κατά Ματθαίον 6:21) (κατά Λουκάν 16:13)

12. Ο ΘΕΟΣ ΕΙΝΑΙ Ο ΕΛ-ΟΛΑΜ, Ο ΑΙΩΝΙΟΣ

Ο Θεός είναι αιώνιος. Είναι ο Ύψιστος, για τον οποίο τίποτα δεν είναι αδύνατο. Είναι ο Κύριος όλων των κυρίων. Κι αυτό όχι μόνο προσωρινά, αλλά για πάντα, αιώνια. Ο Θεός δεν έχει αρχή ούτε τέλος. Υπάρχει πέρα από το χώρο και τον χρόνο. Είναι απεριόριστος και διαχρονικός, ενώ οι ιδιότητές του, τα χαρακτηριστικά, οι ικανότητες και οι δυνατότητές Του είναι αμετάβλητες και παραμένουν αιώνιες.

Πώς επηρεάζει αυτό τη ζωή μας και την ύπαρξή μας;

Καθώς ο Θεός παραμένει ο ίδιος για πάντα, η αγάπη, η δύναμη και η σοφία του παραμένουν επίσης αμετάβλητες, και έτσι μπορούμε πάντα να βασιζόμαστε σε αυτές. Και αν οι περιστάσεις αλλάζουν, κι αν τα γεγονότα εξελίσσονται ακατάπαυστα, ο Θεός δεν αλλάζει. Είναι ο Αιώνιος. Και μας έπλασε κατ' εικόνα του με την προοπτική μιας ζωής που διαρκεί για πάντα. Αυτός φύτεψε την αιωνιότητα μέσα στην ανθρώπινη καρδιά. Γι' αυτό νιώθουμε οι άνθρωποι βαθιά μέσα μας αυτή τη δίψα και τη λαχτάρα για μια ζωή αυθεντική και ατέλειωτη.

Αυτή εδώ η ζωή που ζούμε θα φτάσει κάποτε στο τέλος της. Αλλά υπάρχει μετά μια άλλη ζωή, που δεν τελειώνει ποτέ. Αυτήν μόνο ο Θεός μπορεί να τη δώσει. Μόνο ο Θεός ο ίδιος μπορεί να χαρίσει αιωνιότητα. Γιατί μόνο αυτός είναι ο αιώνιος Θεός, ο ΕΛ-ΟΛΑΜ. Και μόνο σε Αυτόν είναι η πηγή της αιώνιας ζωής.

Δεν γνώρισες, δεν άκουσες; Ο αιώνιος Θεός, ο Κύριος, ο Δημιουργός των άκρων τής γης, δεν ατονεί, και δεν αποκάμει. Η φρόνησή Του δεν εξιχνιάζεται.

(Ησαΐας 40:28)

31

Όποιος πιει από το νερό που θα του δώσω εγώ, δεν θα διψάσει στον αιώνα, αλλά, το νερό που θα δώσω σ' αυτόν, θα γίνει μέσα του πηγή νερού, που θα αναβλύζει προς αιώνια ζωή.

(Ιησούς Χριστός, κατά Ιωάννην 4:14)

Όταν το σώμα μας, η επίγεια κατοικία μας φθαρεί, έχουμε από τον Θεό οικοδομή, οικία που δεν είναι φτιαγμένη από ανθρώπινο χέρι, αιώνια, στους ουρανούς.

(προς Β' Κορινθίους 5:1)

(Γένεσις 21:33) (Έξοδος 15:18) (Ψαλμός 36:10)
(Ψαλμός 90:1-3) (Ψαλμός 103:17) (Ψαλμός 111:3)
(Ψαλμός 117:2) (Εκκλησιαστής 3,11-15) (Ησαΐας 57:15)
(Ιερεμίας 10:10 και 31:3) (Δανιήλ 2:20 και 6:27)
(προς Α' Τιμόθεον 1:17)

13. Ο ΕΠΑΙΝΟΣ ΑΝΗΚΕΙ ΣΤΟΝ ΘΕΟ

Ο έπαινος σημαίνει να αναγνωρίζουμε και να εκφράζουμε στον άλλον τα καλά του χαρακτηριστικά. Να του δείχνουμε την εκτίμησή μας και την αναγνώρισή μας. Το να επαινούμε έναν άνθρωπο δεν είναι κάτι ασυνήθιστο, αν και θα ήταν καλό να το κάνουμε πιο συχνά. Όμως, το να επαινούμε τον Θεό, ίσως να ακούγεται παράξενο ή ασυνήθιστο στα αυτιά μας.

Ωστόσο, στην Αγία Γραφή συναντάμε πολλά χωρία όπου οι άνθρωποι προσφέρουν στον Θεό δοξολογία και έπαινο. Κι όχι μόνο σε καλές στιγμές, όταν όλα κυλούν ομαλά και ο ουρανός είναι χωρίς σύννεφα. Ο προφήτης Ησαΐας, για παράδειγμα, γράφει πως ο λαός του Ισραήλ θα δοξάσει ξανά τον Θεό, αφού πρώτα περάσει από μια δύσκολη, αλλά αναγκαία περίοδο διαπαιδαγώγησης. Παρόμοια είπε και ο βασιλιάς Δαβίδ, ότι το στόμα του θα πρέπει να ξεχειλίζει από έπαινο, γιατί ο Θεός τον δίδαξε τα διατάγματά του, αν κι αυτή η διαδικασία διαπαιδαγώγησης δεν ήταν πάντα εύκολη και άνετη. Όμως για τον Δαβίδ ήταν ένας λόγος να δοξάζει τον Θεό! Ακόμη κι όταν η ζωή του κινδύνευε από τους εχθρούς του, και έπρεπε να μάθει να υπομένει και να εμπιστεύεται, ο Δαβίδ δεν σταμάτησε να δοξάζει τον Θεό.

Πράγματι, έχουμε πολλούς λόγους να φέρουμε έπαινο στον Θεό. Για το καλό που κάνει, για την πιστότητα και την μακροθυμία του. Για την αγάπη και το έλεός του, την σοφία και τη δύναμή του. Για τη βασιλεία του που είναι αιώνια, και μας υπενθυμίζει ότι υπάρχει κάτι μεγαλύτερο από αυτόν κόσμο που γνωρίζουμε. Για το ότι ανορθώνει τούς πεσμένους και κουρασμένους, και είναι κοντά σε όλους όσους τον επικαλούνται με σοβαρότητα και ειλικρίνεια.

Η δοξολογία και ο έπαινος προς τον Θεό δεν περιορίζονται σε συναισθήματα, αλλά είναι μια συνειδητή απόφαση, μια ευάρεστη θυσία στον Θεό, όχι μόνο στις καλές στιγμές, αλλά και στις δύσκολες. Δεν είναι αυτό πάντα εύκολο. Αλλά το να υμνούμε και να δοξάζουμε τον Θεό, και να θυμόμαστε τη φροντίδα του και τη δύναμή του, αυτό αναζωογονεί την ψυχή μας. Μας βοηθά να δούμε τα πράγματα από μια διαφορετική, υψηλότερη προοπτική. Από τη σκοπιά του Θεού. Δεν βλέπουμε έτσι μόνο τις δυσκολίες και τις προκλήσεις της ζωής, αλλά και τις ανεξάντλητες δυνατότητες του Θεού.

Όσο ζούμε σ' αυτόν τον κόσμο βλέπουμε την πραγματικότητα σαν μέσα από έναν θολό καθρέφτη και δεν μπορούμε να δούμε καθαρά πόσο πολύπλοκα συνδέονται μεταξύ τους τα γεγονότα σ' αυτόν τον κόσμο. Γι' αυτό ο έπαινος του Θεού δεν αναβλύζει πάντα εύκολα από την καρδιά μας. Όμως μια μέρα, όταν σταθούμε ενώπιον του Θεού, μέσα στο φως της δόξας του, θα δούμε τα πάντα ξεκάθαρα. Και τότε θα μπορέσουμε μαζί με κάθε πλάσμα του Θεού να πούμε αυτά τα λόγια:

Σ' Αυτόν που κάθεται επάνω στον θρόνο, και στο Αρνίο,
ας είναι ο έπαινος, η τιμή, η δόξα και η ισχύς,
στους αιώνες των αιώνων.

(Αποκάλυψη Ιωάννου 5:13)

Ιδού, Θεός είναι ο Κύριος και ο σωτήρας μου,
θα έχω εμπιστοσύνη σε Αυτόν, θα σωθώ μέσω Αυτού
και δεν θα φοβηθώ. Επειδή, ο Κύριος είναι η δόξα μου,
και το τραγούδι μου, Αυτός έγινε σωτηρία μου.

(Ησαΐας 12:2)

(Ψαλμός 34:2) (Ψαλμός 35:28) (Ψαλμός 69:31) (Ψαλμός 71:8) (Ψαλμός 71:14) (Ψαλμός 119:171) (Ψαλμός 145) (Ιερεμίας 20:13) (Δανιήλ 2:23) (Αποκάλυψη Ιωάννου 5:13)

14. ΈΛΕΟΣ ΚΑΙ ΑΛΗΘΕΙΑ ΧΑΡΑΚΤΗΡΙΖΟΥΝ ΤΟΝ ΘΕΟ

Η αλήθεια μπορεί να πληγώσει ή ακόμη και να συντρίψει. Γιατί η ωμή αλήθεια συχνά είναι σκληρή, ειδικά όταν κάποιος «χτυπάει» μ' αυτήν χωρίς έλεος.

Επιείκεια, κατανόηση, έλεος και χάρη από την άλλη μεριά, αυτά μόνα τους χωρίς την αλήθεια, δεν οδηγούν πουθενά. Η σιωπή, το να κρύβουμε τα λάθη μας και να αποφεύγουμε να λέμε τα πράγματα με το όνομα τους, δεν μας προστατεύει από το να κάνουμε πάλι τα ίδια λάθη και να υποστούμε ξανά και ξανά τις δυσάρεστες συνέπειες.

Μόνο και τα δυο μαζί, και το να δείχνουμε έλεος, και το να λέμε την αλήθεια, είναι ο σωστός συνδυασμός. Μόνο αυτό φέρνει το καλό και το επιθυμητό αποτέλεσμα.

Ο Θεός μας λέει ξεκάθαρα ποια είναι η κατάστασή μας. Η Αγία Γραφή είναι σαν ένας καθαρός και διαυγής καθρέφτης. Ούτε κρύβει, ούτε καλλωπίζει. Παράλληλα, διαβάζουμε ότι ο Θεός δεν μας δείχνει μόνο την αλήθεια, η οποία πολλές φορές μας θλίβει, μας σοκαρίζει, και ίσως ακόμη μας ρίχνει ηθικά. Ο Θεός απλώνει και το χέρι του σε εμάς. Μας βοηθά να σηκωθούμε, τινάζει τη σκόνη από πάνω μας και μας δίνει ελπίδα και μια καινούργια αρχή.

Το έλεός Σου μεγαλύνθηκε μέχρι τους ουρανούς,
και μέχρι τα σύννεφα η αλήθεια Σου.

(Ψαλμός 57:10)

(Έξοδος 22:26) (Ψαλμός 85:1) (Ψαλμός 86:15)
(Ψαλμός 145:8) (κατά Ιωάννην 1:14+17) (προς Ρωμαίους 2:2)
(προς Ρωμαίους 15:5) (προς Εφεσίους 2:4)
(προς Φιλιππησίους 1:8) (προς Β' Θεσσαλονικείς 3:5)

15. Ο ΘΕΟΣ ΕΙΝΑΙ ΠΙΣΤΟΣ ΣΕ ΜΑΣ

Η πιστότητα σε μια σχέση έχει να κάνει με αμοιβαία συνέπεια και αφοσίωση. Ιδιαίτερα ενδιαφέρον γίνεται αυτό, όταν πρόκειται για τη σχέση μεταξύ Θεού και ανθρώπου. Ο Θεός είναι πιστός. Είναι πιστός σε εμάς. Πολλοί δεν νιώθουν την ανάγκη να είναι συνδεδεμένοι με τον Θεό. Εκείνος θέλει ωστόσο να έχει μια προσωπική σχέση με κάθε άνθρωπο.

Απ' την πλευρά του ο Θεός δείχνει την πιστότητα του με την φροντίδα και την αγάπη του. Είναι έτοιμος να μας συγχωρήσει και να μας βοηθήσει. Θέλει να μας οδηγήσει και να μας φέρει στον τελικό προορισμό μας, ώστε να ζήσουμε αιώνια μαζί του. Από την δικιά μας πλευρά, το να ζούμε μέσα σε μια προσωπική σχέση με τον Θεό, σημαίνει να τον εμπιστευόμαστε. Να αφήνουμε στα χέρια του την οδηγία της ζωής μας, και ό,τι άλλο αφορά τη ζωή μας. Ώστε να μορφώνει Εκείνος τις σκέψεις μας, τα όνειρά μας και τους στόχους μας. Έτσι θα ζήσουμε, το πόσο αυτή η προσωπική μας σχέση με τον Θεό εμπλουτίζει και αναβαθμίζει την ύπαρξή μας.

Η προσφορά και η πρόσκληση του Θεού παραμένει. Εμείς όμως πως θα απαντήσουμε;

Η καλοσύνη του Κυρίου είναι ο λόγος που εξακολουθούμε να ζούμε. Δεν έλειψε το έλεός Του. Είναι νέο κάθε πρωί.
Κύριε, μεγάλη είναι η πιστότητά Σου!

(Θρήνοι 3:22-23)

(Δευτερονόμιον 7:9 και 32:4) (Ψαλμός 89:9)
(προς Ρωμαίους 3:3) (προς Α' Κορινθίους 1:9 και 10:13)
(προς Φιλιππησίους 1:6) (προς Α' Θεσσαλονικείς 5:24)
(προς Β' Θεσσαλονικείς 3:3) (προς Β' Τιμόθεον 2:13)
(Α' Ιωάννου 1:9)

16. Ο ΘΕΟΣ ΧΑΙΡΕΤΑΙ

Αλήθεια, χαίρεται ο Θεός; Μπορούμε να το πούμε αυτό με βεβαιότητα, ή είναι πιο πιθανό, ότι πάγωσε το γέλιο του, με όλο το κακό που συμβαίνει στον κόσμο μας;

Ας φανταστούμε το εξής σενάριο:

Παρακολουθούμε μια μεγάλη ομάδα ανθρώπων να περπατά μέσα στην ομίχλη, δυστυχώς σε λάθος κατεύθυνση. Στο τέλος του δρόμου απειλεί ένας μεγάλος κίνδυνος με ολέθριες συνέπειες. Εμείς το ξέρουμε αυτό, για αυτό προσπαθούμε να τους προειδοποιήσουμε. Φωνάζουμε, αλλά κανείς τους δεν φαίνεται να μας προσέχει. Φωνάζουμε πιο δυνατά και πιο απελπισμένα, και καθώς περιμένουμε σοκαρισμένοι ανά πάσα στιγμή το χειρότερο, μερικά κεφάλια γυρίζουν προς την κατεύθυνση μας, και κάποιοι μέσα από αυτό το πλήθος σταματάνε. Άκουσαν τις φωνές μας και τώρα αλλάζουν κατεύθυνση! Δεν είναι λογικό ότι θα πανηγυρίσουμε από χαρά;

Το ίδιο συμβαίνει και με τον Θεό! Παρόλο το κακό που συμβαίνει σε αυτόν τον κόσμο, ο Θεός έχει λόγους να χαίρεται όταν οι άνθρωποι μετανοούν και στρέφονται σε Αυτόν για να βρούνε σωτηρία. Είναι σαν τη χαρά του βοσκού για το χαμένο πρόβατο που ξαναβρήκε. Σαν τη χαρά ενός βασιλιά για τον λαό του, που τον τιμά, τον εμπιστεύεται, και τον ακολουθεί. Είναι σαν τη χαρά του πατέρα για την επιστροφή του χαμένου παιδιού του.

Ναι, ο Θεός χαίρεται! Χαίρεται για εμάς και μαζί με εμάς. Χαίρεται για κάθε άνθρωπο που σηκώνει τα μάτια του και απαντά στο κάλεσμά του Θεού. Και η μεγαλύτερη χαρά θα είναι, όταν ο Θεός θα ανορθώσει ξανά αυτόν τον κόσμο που έχει γονατίσει. Τότε θα γίνει πραγματικότητα, αυτό που ο Δημιουργός με αγάπη και σοφία είχε σχεδιάσει και ποθήσει πριν καν υπήρξαν χώρος και χρόνος: Το να είναι μαζί με τους ανθρώπους του για πάντα.

Θα σας δω πάλι, και τότε θα χαρεί η καρδιά σας,
και τη χαρά σας δεν την αφαιρέσει κανένας από σας.

(Ιησούς Χρίστος, κατά Ιωάννην 16:22)

(Δευτερονόμιον 30:9) (Ησαΐας 62:5 και 65:19)
(Ιερεμίας 32:41) (Σοφονίας 3:17) (κατά Ματθαίον 13:44)
(κατά Λουκάν 15:4-7 και 15:11-32)

17. Ο ΘΕΟΣ ΕΙΝΑΙ ΠΟΛΥΕΛΕΟΣ ΚΑΙ ΜΑΚΡΟΘΥΜΟΣ

Λένε πως η μεγαλύτερη ταχύτητα που υπάρχει, είναι αυτή του φωτός. Το φως του ήλιου για παράδειγμα θα χρειαζόταν μόνο 5 δευτερόλεπτα για να κάνει τον γύρο της γης 37 φορές. Πολύ εντυπωσιακό! Υπάρχει όμως κάποια άλλη ταχύτητα, κάτι άλλο, για το οποίο εμείς οι άνθρωποι χρειαζόμαστε μόνο κλάσματα δευτερολέπτου. Η ταχύτητα που ανάβουν τα αίματα...

Όταν μας πειράξουν, όταν μας θίξουν και μας επιτεθούνε προσωπικά, μερικές φορές αντιδράμε πολύ γρήγορα, υπερβολικά έντονα και απερίσκεπτα. Συχνά φτάνουμε στα άκρα γεμάτοι οργή. Σε τέτοιες στιγμές λέμε ή κάνουμε πράγματα που αργότερα τα μετανιώνουμε πικρά. «Ε, άνθρωποι είμαστε» θα ΄λέγε κανείς.

Σαφώς, αλλά ευτυχώς που ο Θεός είναι διαφορετικός και συμπεριφέρεται διαφορετικά. Δεν αντιδρά βιαστικά ή απερίσκεπτα. Είναι αργός στον θυμό, παρόλο που κάνουμε αρκετά πράγματα που τον δυσαρεστούν, ακόμη και τον προσβάλλουν. Συχνά είμαστε ανόητοι, ατίθασοι και πεισματάρηδες.

Όμως ο Θεός μας δίνει αρκετό χρόνο και πολλές ευκαιρίες να αναθεωρήσουμε το πως σκεφτόμαστε και το πως ζούμε. Έχει μεγάλη υπομονή μαζί μας, και αφήνει την πόρτα του ανοιχτή για μας. Κάτι που όχι μόνο είναι για όλους μας ζωτικής σημασίας, αλλά και ένα πρότυπο παράδειγμα, για το πώς να συμπεριφερόμαστε και εμείς οι ίδιοι στους συνανθρώπους μας.

Ποιος Θεός είναι σαν Εσένα, που συγχωρεί την αμαρτία
και παραβλέπει την παράβαση του λαού Του;
Δεν κρατάει για πάντα η οργή Σου, επειδή Εσύ αγαπάς το
έλεος.

(Μιχαίας 7:18)

(Έξοδος 34:6) (Αριθμοί 14:18) (Ψαλμός 86:15)
(Ψαλμός 103:8-13) (Ψαλμός 108:4) (Νεεμίας 9:17)
(Ιωήλ 2:13) (προς Ρωμαίους 2:4 και 15:5)
(προς Εφεσίους 1:7) (προς Β' Θεσσαλονικείς 3:5)

18. Ο ΘΕΟΣ ΕΙΝΑΙ ΑΜΕΤΑΒΛΗΤΟΣ

Οι άνθρωποι αλλάζουν, τα πράγματα αλλάζουν, τα συναισθήματα αλλάζουν, τα σχέδια, οι νόμοι, οι κανόνες και οι απόψεις αλλάζουν.

Η αλλαγή είναι συχνά καλή και απαραίτητη. Φέρνει βελτίωση και φρέσκο αέρα. Δυστυχώς δεν αλλάζουν όλα προς το καλύτερο. Και πολύ συχνά η αιτία που αλλάζουν τα πράγματα είναι απλά η ασυνέπεια, η καλοπέραση, κι ο εγωισμός.

Πόσο καλό κάνει το να ξέρουμε ότι ο Θεός είναι αμετάβλητος. Δεν αλλάζει γιατί είναι τέλειος όπως ακριβώς είναι. Δεν επηρεάζεται, δεν μπερδεύεται, δεν ξεγελιέται. Ο χαρακτήρας του, ο τρόπος σκέψης του και οι ιδιότητές του παραμένουν. Όπως ακριβώς και οι υποσχέσεις του και οι καλές προθέσεις του για μας. Τα λόγια του Θεού ισχύουν για πάντα. Και είναι Αυτός στο πλάι μας με όλη τη σοφία και τη δύναμή του.

Γι' αυτό ο Θεός αποκαλείται «ο βράχος και το φρούριό μας». Μπορούμε να θεμελιώσουμε τη ζωή μας πάνω σε Αυτόν και να οικοδομήσουμε ένα σταθερό και ακλόνητο οίκημα. Αν εστιάσουμε το βλέμμα μας σε Εκείνον, θα βρούμε τον σωστό προσανατολισμό και τον αληθινό σκοπό για τη ζωή μας.

> *Όποιος ακούει τα λόγια μου και τα κάνει,*
> *αυτόν θα τον συγκρίνω με έναν σοφό άνθρωπο,*
> *που έχτισε το σπίτι του πάνω σε βράχο.*
>
> *(Ιησούς Χριστός, κατά Ματθαίον 7:24)*

(Ψαλμός 18:3) (Ψαλμός 40:3) (Ψαλμός 61:4) (Ψαλμός 94:22)
(Ψαλμός 103:17) (Ησαΐας 51 8) (Μαλαχίας 3:6)
(κατά Ματθαίον 7:24-25) (κατά Λουκάν 6:48)
(προς Εβραίους 13:8) (Ιακώβου 1:17)

19. Ο ΘΕΟΣ ΕΙΝΑΙ Ο ΘΕΟΣ ΤΗΣ ΠΑΡΗΓΟΡΙΑΣ

Παρηγοριά! Θα πει να σκουπίζεις τα δάκρυα και να δίνεις ελπίδα. Μια λέξη που ακτινοβολεί ζεστασιά και θυμίζει μια ανοιχτή αγκαλιά.

Πότε χρειαζόμαστε παρηγοριά; Πότε τη χρειάζομαι εγώ;

Όταν και πάλι απέτυχα. Όταν και πάλι απογοητεύτηκα. Όταν η πραγματικότητα περιγελά σαρκαστικά τις ελπίδες και τα όνειρά μου. Όταν βλέπω πόσο εξαντλητικό είναι το να προσπαθώ να κρατήσω τον έλεγχο στη ζωή μου, αλλά συνειδητοποιώ ότι δεν είναι στο χέρι μου. Χρειάζομαι παρηγοριά, όταν η ζωή παίρνει ξαφνικά μια απρόσμενη, δυσάρεστη τροπή, κι όταν χάνω τη γη κάτω απ' τα πόδια μου.

Υπάρχει ανάγκη και πόνος στον κόσμο μας. Εξωτερικά και εξωτερικά. Και ανεξάρτητα από το αν φταίμε εμείς οι ίδιοι ή όχι, υπάρχουν δύσκολες καταστάσεις και χτυπήματα, που πρέπει να αντιμετωπίσουμε. Είναι πολύτιμο δώρο αν τότε έχουμε δίπλα μας ανθρώπους που μας στηρίζουν. Αλλά ακόμα περισσότερο είναι ανεκτίμητο δώρο το να γνωρίζουμε ότι έχουμε τον Θεό στο πλάι μας, να περπατά μαζί μας στις σκοτεινές μέρες. Αυτός φέρνει φως. Δίνει δύναμη και αντοχή. Και χαρίζει παρηγοριά με την αγάπη και τη δύναμή του.

Κι αν κάτι ή κάποιος μας απειλεί, όποιος εμπιστεύεται τη ζωή του στον Θεό θα ζήσει, ότι Αυτός έχει τη δύναμη και την σοφία να οδηγήσει τα πάντα προς το αγαθό, για εκείνους που τον αγαπούν.

Εγώ, Εγώ Είμαι που σε παρηγορώ.
Γιατί φοβάσαι τον θνητό άνθρωπο που θα ξεραθεί κάποτε σαν
το χορτάρι; Ξέχασες τον Κύριο, τον Δημιουργό σου;
Αυτόν που άπλωσε τους ουρανούς και έβαλε τα θεμέλια της
γης; Κύριος των δυνάμεων είναι το όνομά Του!

(Ησαΐας 51:12-15)

Όλα συνεργούν προς το αγαθό
για αυτούς που αγαπούν τον Θεό!

(προς Ρωμαίους 8:28)

 (Ψαλμός 73:26) (Ψαλμός 119:76) (προς Ρωμαίους 15:5)
(προς Β' Κορινθίους 1:3-4) (προς Β' Θεσσαλονικείς 2:16-17)

43

20. Ο ΘΕΟΣ ΕΙΝΑΙ ΘΕΟΣ ΤΗΣ ΕΛΠΙΔΑΣ

Η ελπίδα σχετίζεται στενά με την αισιοδοξία και τη θετική σκέψη. Σημαίνει να έχουμε εμπιστοσύνη για το μέλλον, πιστεύοντας ότι όλα θα πάνε καλά ή ότι τα πράγματα θα εξελιχθούν προς το καλύτερο. Υπάρχουν μάλιστα ασκήσεις που προωθούν τη θετική σκέψη, με σκοπό να ενισχύσουν την ελπίδα, η οποία είναι απαραίτητη για την επιβίωσή μας και την ψυχική μας ευημερία.

Πρόκειται όμως εδώ πάντα για μια σταθερή και διαρκής ελπίδα; Μια ελπίδα που μας στηρίζει, επειδή η ίδια έχει μια ισχυρή βάση, η οποία παραμένει αμετάβλητη και αναλλοίωτη με την πάροδο του χρόνου; Υπάρχει μια τέτοια ελπίδα που δεν απογοητεύει; Ναι, υπάρχει!

Αυτή η ελπίδα είναι στενά συνδεδεμένη με τη σοφία, δηλαδή με τη γνώση του ποιος είναι ο Θεός και το πώς εφαρμόζουμε αυτή τη γνώση στη ζωή μας. Η ελπίδα αυτή στηρίζεται στην πεποίθηση ότι ο Θεός είναι ο Αιώνιος, ο Ύψιστος και ο Ισχυρότερος, που έχει τη δύναμη να μας χαρίσει ένα υπέροχο και αιώνιο μέλλον.

Η αληθινή σοφία, το να γνωρίζουμε ποιος είναι ο Θεός και ποια είναι τα σχέδιά του για την ζωή μας, δίνει στην ελπίδα μας μια σταθερή βάση, και την κάνει ισχυρή, ώστε να μπορεί να μας στηρίξει ακόμα και όταν σηκώνουμε βαρύ φορτίο. Είναι μια ελπίδα που βασίζεται στον Θεό της ελπίδας, γι' αυτό δεν σβήνει και δεν απογοητεύει ποτέ!

Όπως γλυκό είναι το μέλι για τον ουρανίσκο σου, έτσι είναι και η σοφία πολύτιμη για τη ψυχή σου. Όταν τη βρεις, θα έχεις μέλλον, και η ελπίδα σου δεν θα αποκοπεί.

(Παροιμίες 24:13-14)

Στην ελπίδα να χαίρεστε, στη θλίψη να υπομένετε, στην προσευχή να προσκαρτερείτε!

(προς Ρωμαίους 12:12)

(Ψαλμός 62:5) (Ψαλμός 71:5) (Ψαλμός 146:5)
(Παροιμίες 24:13-14) (προς Ρωμαίους 1:5 και 15:13)
(προς Β' Θεσσαλςνικείς 2:16) (Α' Πέτρου 1:3)

21. Ο ΘΕΟΣ ΕΚΤΙΜΑ ΤΗΝ ΕΥΓΝΩΜΟΣΥΝΗ

Ζούσαν στο περιθώριο, απομονωμένοι, αποκλεισμένοι, περι-φρονημένοι. Τώρα όμως θα άλλαζαν όλα, θα γίνονταν όπως ήτανε και πριν. Επιστροφή στη ζωή, χάρη σε Εκείνον που τους θεράπευσε! Αλλά πού ήταν το ευχαριστώ;

Ο Ιησούς Χριστός συναντά δέκα λεπρούς. Αυτό το περιστατικό το διαβάζουμε στο Ευαγγέλιο του Λουκά, στο κεφάλαιο 17. Όλοι οι δέκα ήταν πανευτυχείς που ο Χριστός τους θεράπευσε. Κι όμως συνέχισαν τον δρόμο τους χωρίς να επιστρέψουν. Μόνο ένας από αυτούς γύρισε πίσω για να πει «ευχαριστώ». Δεν κρατιότανε! Με δυνατή φωνή δόξαζε τον Θεό, ενώ έτρεχε για να πέσει στα πόδια του Χριστού, εκφράζοντας την απέραντη ευγνωμοσύνη του! Για το δώρο της ζωής, για τη δεύτερη ευκαιρία. Για τη σωτηρία από την αθλιότητά και τον πόνο. Για το τέλος ενός εφιάλτη...

Και μέσα σ' αυτή τη στιγμή χαράς και αγαλλίασης, χτυπάει σαν κεραυνός η λυπηρή ερώτηση του Ιησού: «Δεν έγιναν και οι δέκα πάλι υγιείς; Οι άλλοι εννιά πού είναι;»

Εμείς άραγε σε ποιους ανήκουμε; Σε αυτούς που συνεχίζουν τον δρόμο τους, ή σε αυτούς που έρχονται πίσω για να πουν ευχαριστώ; Δυστυχώς το ξεχνάμε συχνά αυτό, παρόλο που έχουμε πολλούς λόγους να ευχαριστούμε τον Θεό. Όταν οι φροντίδες και τα προβλήματα σκοτεινιάζουν τη ζωή μας, φέρνουμε τα αιτήματά μας στον Θεό, και είναι καλό αυτό. Αλλά ας μην ξεχνάμε την ευχαριστία! Γιατί όποιος συνειδητά φέρνει το ευχαριστώ του στον Θεό, θα ανακαλύψει κάτι ιδιαίτερο. Η ευχαριστία και η εσωτερική ειρήνη περπατούν χέρι-χέρι. Σαν δύο χαμογελαστά κορίτσια που, όπου κι αν πάνε, σκορπούν γύρω τους χαρά και ελπίδα. Η Ευχαριστία πάει μπροστά. Και όποιος την δει να έρχεται, ξέρει ότι πίσω της ακολουθά πάντα η Ειρήνη!

Μη μεριμνάτε περί μηδενός! Αλλά με κάθε προσευχή και δέηση
φέρνετε τα αιτήματά σας προς τον Θεό, με ευχαριστία!
Και η ειρήνη του Θεού, η υπερέχουσα κάθε νου, θα φυλάξει τις
καρδιές σας και τα διανοήματά σας, ώστε να μένουν στον
Ιησού Χριστό.

(προς Φιλιππησίους 4:6-7)

(Β' Χρονικών 20:26) (Ψαλμός 50:23) (Ψαλμός 107:21-22)
(κατά Ματθαίον 14:9) (κατά Μάρκον 6:41)
(κατά Λουκάν 17:11-19) (προς Εφεσίους 5:20)
(προς Κολοσσαείς 3:15 και 4:2)
(προς Α' Θεσσαλονικείς 5:16-18)
(Αποκάλυψη Ιωάννου 7:11-12)

47

22. Ο ΘΕΟΣ ΛΕΕΙ ΝΑΙ ΣΕ ΜΑΣ

Ο Θεός δεν λέει σε μας «ναι ίσως», λέει ένα ξεκάθαρο Ναι! Ο λόγος του μένει, γιατί ο Θεός είναι πιστός και η αγάπη του για μας είναι αναλλοίωτη. Έτσι μπορούμε να βασιστούμε σ' αυτά που ο Θεός οδήγησε να γραφούν μέσα στην Αγία Γραφή: Ότι όποιος αναζητά τον Θεό με όλη του την καρδιά θα τον βρει. Ότι ο Θεός είναι ο βοηθός μας, ο σωτήρας μας στις δύσκολες ώρες. Συγχωρεί τα λάθη μας και μας δίνει δύναμη να αντισταθούμε σε ότι μας δελεάζει και θέλει να μας παρασύρει μακριά του. Μπορούμε να εμπιστευόμαστε ότι ο Θεός θα ανταμείψει την υπομονή μας, την πίστη και την εμπιστοσύνη μας σε Αυτόν. Γνωρίζει τις ανάγκες μας και ακούει την προσευχή μας. Τιμά την καλοσύνη, τη συμπόνια, το έλεος, την αγάπη για δικαιοσύνη και τον κόπο για την ειρήνη. Βλέπει τη λαχτάρα μας για αιώνια ζωή και χαρίζει την αιώνια ζωή, σε όσους λάβανε την συγχώρεσή του και ακολουθούν το θέλημά του.

Μόνο κάποιος που είναι με το μέρος μας, μαζί στο πλάι μας, κάποιος που έχει καλές προθέσεις για μας, που μας νοιάζεται και μας αγαπάει, μόνο αυτός μπορεί να πει σε εμάς ένα τόσο συνειδητό και ξεκάθαρο Ναι! Το Ναι του Θεού σε μας είναι ένα αναμφισβήτητο Ναι. Ένα σίγουρο και δυνατό Ναι που δεν εξαρτάται από τα λάθη ή τις επιτυχίες μας, αλλά στηρίζεται στη υπόσχεση του ίδιου του Θεού. Αυτό το Ναι είναι ο ισχυρός βράχος, το ακλόνητο θεμέλιο για να χτίσουμε τη ζωή μας, και τώρα και αιώνια.

Ο Κύριος είναι ο βράχος μου, το φρούριο και ο ελευθερωτής μου. Είναι ο Θεός μου, ο βράχος μου. Θα ελπίζω σε Αυτόν. Είναι η ασπίδα μου και το στήριγμα της σωτηρίας μου, ο ψηλός μου πύργος.

(Ψαλμός 18:2)

(Δευτερονόμιον 4:29+31) (Α' Σαμουήλ 2:2) (Β' Σαμουήλ 22:2)
(Ψαλμός 18:31) (Ψαλμός 50:15)
(Ησαΐας 40:31) (Ιερεμίας 1:3 και 29:13-14)
(κατά Ματθαίον 5,1-12 και 6,8 και 7,11) (κατά Λουκάν 11:13)
(κατά Ιωάννην 1:14 και 14:2-3)
(προς Ρωμαίους 5:5 και 6:6-22 και 8:2 και 11:29)
(προς Β' Κορινθίους 1:19-20)
(προς Εβραίους 6:12 και 6:17-18 και 10:35-36 και 13:8)
(Ιακώβου 5:15-16) (Α' Ιωάννου 1:9 και 2:25)
(Αποκάλυψη Ιωάννου 21:4)

23. Ο ΘΕΟΣ ΜΙΣΕΙ ΤΗΝ ΥΠΟΚΡΙΣΙΑ

Ο Θεός απεχθάνεται πολύ την υποκρισία! Τι είναι όμως υποκρισία; Πότε όντως υποκρίνομαι; Όταν προσποιούμαι ότι είμαι κάτι που δεν είμαι; Όταν δεν δείχνω τι πραγματικά σκέφτομαι και τι πραγματικά θέλω; Όταν δεν είμαι εντελώς ειλικρινής; Ή είναι υποκρισία μόνο όταν χρησιμοποιώ δόλο για να βλάψω κάποιον; Ή όταν προσπαθώ με ψεύτικες κολακείες να πετύχω τους στόχους μου; Μήπως είναι και η διπλωματία στο τέλος υποκρισία;

Γεγονός είναι, ότι σε κανέναν δεν αρέσει να τον αποκαλούν υποκριτή. Αλλά το να είναι κάποιος στα μάτια του Θεού υποκριτής, αυτό είναι πολύ χειρότερο. Τι μας λέει λοιπόν η Αγία Γραφή, τι βλέπει ο Θεός σαν υποκρισία;

Για παράδειγμα: Το να είναι κάποιος θρησκευόμενος μόνο για να κερδίσει τον θαυμασμό και την αναγνώριση των άλλων. Το να κρίνει κάποιος τους συνανθρώπους του, παρόλο που και ο ίδιος δεν συμπεριφέρεται πάντα σωστά. Το να δίνει κανείς περισσότερο βάρος σε κανόνες και αξίες, παρά στην συμπόνια και στην ανθρωπιά. Το να θεωρεί κανείς τον εαυτό του πιστό Χριστιανό, χωρίς όμως να εμπιστεύεται πραγματικά τον Θεό και να δίνει προσοχή στο θέλημά του του. Το να γυαλίζει κανείς την «επιφάνεια» αλλά το εσωτερικό να μένει ακάθαρτο. Το να λέει κανείς πολλά, αλλά να κάνει λίγα.

Αυτά ονομάζει η Γραφή υποκρισία. Δεν ακούγονται ιδιαίτερα όμορφα, αλλά δυστυχώς ανήκουν στην ανθρώπινη συμπεριφορά. Αυτό που χρειάζεται εδώ είναι το θάρρος να εξετάσουμε τον εαυτό μας και να αλλάξουμε τον τρόπο σκέψης μας, και ίσως ακόμη και τον τρόπο ζωής μας. Και να αναζητάμε ειλικρινά τον Θεό, ακόμα κι αν ο δρόμος προς αυτόν είναι ο στενός δρόμος.

Ο Θεός λέει:

Τι να κάνω με το πλήθος των θυσιών σας;
Καθαρίστε τον εαυτό σας, σταματήστε να κάνετε το κακό,
και μάθετε να κάνετε το καλό. Αγωνιστείτε για δικαιοσύνη,
βοηθήστε τους καταπιεσμένους, τις χήρες και τα ορφανά.

(Ησαΐας 1:11 και 1:16-17)

(Ψαλμός 78:36-37) (Ησαΐας 29:13)
(κατά Ματθαίον 6:2 και 6: 5 και 6:16 και7:5 και 15:5-6)
(κατά Ματθαίον 22:18 και 23:23-28) (κατά Λουκάν 13:15-16)
(προς Ρωμαίους 12:9) (προς Τίτον 1:16) (Α' Πέτρου 2:1)

24. Ο ΘΕΟΣ ΜΑΣ ΚΑΛΕΙ ΝΑ ΔΟΚΙΜΑΣΟΥΜΕ ΤΗΝ ΑΞΙΟΠΙΣΤΙΑ ΤΟΥ

Στην Παλαιά Διαθήκη, στο βιβλίο του Μαλαχία, διαβάζουμε ότι ο Θεός κάλεσε τους Ισραηλίτες να Τον δοκιμάσουν, για να δουν πως είναι απόλυτα αξιόπιστος και τηρεί τις υποσχέσεις του, αν και εκείνοι με τη σειρά τους σταθούν πρόθυμοι να εκπληρώσουν το δικό τους μέρος.

Επρόκειτο για τις προσφορές για τον ναό του Θεού. Από αυτές συντηρούνταν οι ιερείς και οι υπηρέτες του ναού. Παράλληλα, μέσα από αυτές τις δωρεές, παρέχονταν οικονομική βοήθεια στους φτωχούς και τους άπορους. Όμως πολλοί αμελούσαν αυτούς τους φόρους. Κράταγαν για τον εαυτό τους αυτό που ο Θεός είχε προσδιορίσει για την φροντίδα και τις ανάγκες κάποιων άλλων ανθρώπων. Πώς αντέδρασε τότε ο Θεός;

Είπε στους Ισραηλίτες να προσφέρουν τις καθορισμένες δωρεές, και τους προκάλεσε να τον δοκιμάσουν. Τα λόγια του Θεού ήταν: «Δοκιμάστε με για να δείτε αν δεν ανοίξω τους καταρράκτες του ουρανού, και δεν χύσω την ευλογία σε σας, ώστε να μη φτάνει ο τόπος γι' αυτή!»

Ο Θεός ήθελε οι άνθρωποι να βιώσουν ότι τηρεί τις υποσχέσεις του και ανταμείβει γενναιόδωρα όσους προσφέρουν για το έργο του. Αν και όλη η γη ανήκει στον Θεό και δεν έχει ανάγκη τίποτα από εμάς, χαίρεται όταν μοιραζόμαστε τα αγαθά μας και βοηθάμε τους συνανθρώπους μας με ό,τι μπορούμε να προσφέρουμε. Όχι μόνο με υλικά πράγματα, αλλά και με τον χρόνο, την ενέργεια και τις ικανότητές μας. Ο Θεός θα τα χρησιμοποιήσει όλα αυτά για να κάνει τον κόσμο μας πιο καλό και πιο δίκαιο.

Και μόνο το να βιώνουμε πόσο καλό μπορεί να φέρει ο Θεός μέσα από ό,τι του προσφέρουμε, είναι ήδη μια μεγάλη ανταμοιβή από μόνο του. Αλλά ο Κύριος θα ανταμείψει την προσφορά μας ακόμα πιο πλούσια. Μας καλεί ο ίδιος να τον δοκιμάσουμε! Και θα δούμε ότι ο Θεός εκπληρώνει την υπόσχεσή του. Μας δίνει ήδη τώρα το πλούσιο δώρο της παρουσίας του μέσα στη ζωή μας, καθώς μας στηρίζει με όλη την αγάπη και τη δύναμή του. Αλλά την πλήρη ανταμοιβή μας θα την λάβουμε από Αυτόν όταν κάποια μέρα σταθούμε ενώπιον του Ιησού Χριστού και ακούσουμε από αυτόν τα λόγια:

Ελάτε, οι ευλογημένοι τού Πατέρα μου, κληρονομήστε τη βασιλεία, που είναι ετοιμασμένη για σας από τη δημιουργία τού κόσμου. Καθώς ό,τι κάνατε για έναν των αδερφών μου, το κάνατε για μένα.

(Ιησούς Χριστός, κατά Ματθαίον 25:34 και 25: 40)

(Έξοδος 17:7) (Κρ.τές 6:36-40)
(Παροιμίες 8:17) (Μαλαχίας 3:10)
(κατά Ματθαίον 4:7 και 6:33 και 25:31-40)
(κατά Ιωάννην 8:6) (προς Α' Κορινθίους 10:9)
(προς Εβραίους 3:7-12)

25. Ο ΘΕΟΣ ΔΕΝ ΛΕΕΙ ΨΕΜΑΤΑ

Το τι είναι ψέμα και τι είναι αλήθεια, φαίνεται να μην είναι πάντα εντελώς ξεκάθαρο. Ο ορισμός μπορεί να ποικίλλει ανάλογα με τον τύπο του χαρακτήρα που έχει κάποιος, την κατάσταση που βρίσκεται, και γενικά το πως αντιλαμβάνεται τον κόσμο γύρω του.

Μισή αλήθεια, λευκά ψέματα, ψέματα από ευγένεια, ψέματα για ευκολία, ή «διπλωματία» είναι συχνά αυτά που προκύπτουν. Ένα ψέμα μπορεί μερικές φορές να διευκολύνει, βοηθάει όμως πραγματικά;

Δεν φαίνεται πιθανό. Γιατί ο Θεός που μας γνωρίζει και ξέρει τι είναι πραγματικά καλό για μας, ποτέ δεν μας λέει ψέματα ούτε μας προσφέρει κενές υποσχέσεις. Δεν μας κρύβει την αλήθεια, ειδικά όταν είναι απαραίτητο να αλλάξουμε κάτι στη ζωή μας. Στην Αγία Γραφή βλέπουμε συχνά ότι ο Θεός μας λέει την αλήθεια με ακρίβεια και σκοπό. Τα λόγια του έχουν στόχο να μας προωθήσουν μπροστά, να θεραπεύσουν τις πληγές μας και να φέρουν αλλαγή και βελτίωση εκεί που χρειάζεται.

Πολλά λόγια έχουν ήδη ειπωθεί, και πολλά θα ειπωθούν ακόμα. Μπορούν όμως αυτά τα λόγια να σβήσουν ποτέ τη βαθιά δίψα μας για την αλήθεια;

Κάνει καλό το να ξέρουμε πως ο Θεός είναι η μοναδική πηγή της αλήθειας. Τα λόγια του είναι σαν το τρεχούμενο, κρυστάλλινο νερό που ξεδιψάει και ζωντανεύει την ψυχή.

Ο ουρανός και η γη θα παρέλθουν, όμως τα λόγια μου δεν θα παρέλθουν.

(Ιησούς Χριστός, κατά Ματθαίον 24:35)

Ο Θεός δεν είναι άνθρωπος για να ψευστεί.
Αυτός είπε, και δεν θα εκτελέσει;
Αυτός μίλησε, και δεν θα το τηρήσει;

(κατά Αριθμοί 23:19)

   (Β' Σαμουήλ 7:28) (Ψαλμός 33:4 και 33:9)
(προς Εβραίους 6:18) (προς Τίτον 1:2)

26. Ο ΘΕΟΣ ΝΙΩΘΕΙ ΘΥΜΟ

Κάποια πράγματα που αναφέρει η Αγία Γραφή σχετικά με τη φύση του Θεού, γεννούν ερωτήματα που συχνά μένουν αναπάντητα. Διαβάζουμε για έναν Θεό αγάπης και ελέους, ο οποίος ταυτόχρονα μισεί την αμαρτία μας και τιμωρεί τις παραβάσεις μας. Μπορούν θυμός και τιμωρία να συνυπάρξουν με αγάπη και έλεος;

Ανάμεσα στους ανθρώπους δεν είναι σπάνιο. Είναι απόλυτα δυνατόν να νιώθουμε θυμό και οργή, ακόμη και προς αυτούς που υπεραγαπάμε. Όμως, ισχύει το ίδιο και για τον Θεό;

Ο Θεός δεν είναι ένας απρόσωπος και μακρινός Θεός, που δεν νοιάζεται για τη ζωή μας, για τις χαρές και τις λύπες μας. Ο Θεός θέλει να συμβάλει και να ενεργεί μέσα στη ζωή μας. Να έχει κοινωνία μαζί μας, και τώρα και για πάντα. Γι' αυτό δεν αφήνει αδιάφορο τον Θεό, αν οι άνθρωποι τον αποκλείουν από τη ζωή τους. Όταν δεν τον αναγνωρίζουν ως Κύριο και Θεό τους. Όταν αγνοούν τις οδηγίες του και ακολουθούν τον δικό τους δρόμο, χωρίς να ρωτάνε τον Θεό τι σχέδια έχει Αυτός για τη ζωή τους.

Ακριβώς αυτήν την εσωτερική στάση ονομάζει η Γραφή *αμαρτία*. Και η αμαρτία δεν παράγει τίποτα καλό. Καταστρέφει και εμάς τους ίδιους, και τον κόσμο μας, το βλέπουμε καθημερινά. Απληστία, πλεονεξία, διαμάχες, πείσμα, υπερηφάνεια, σκληρότητα, αδικία, ανηθικότητα, ψέματα, εγωισμός, αυτά είναι μόνο μερικά από τα πρόσωπα της αμαρτίας.

Όμως ο Θεός είχε για μας από την αρχή τις καλύτερες προθέσεις. Το σχέδιό του ήταν τέλειο, αλλά ο κόσμος μας πηγαίνει σε εντελώς αντίθετη κατεύθυνση. Όλο το κακό που συμβαίνει γύρω μας είναι σαν ένας συναγερμός και σαν μία προειδοποίηση ότι πρέπει να μετανοήσουμε. Αλλά δεν φαίνεται να το αντιλαμβάνονται αυτό όλοι. Είναι λοιπόν περίεργο ότι νιώθει ο Θεός θυμό γι' αυτήν την κατάσταση;

Νομίζω όχι. Και είναι λογικό, επίσης και δίκαιο, ότι ο Θεός μέσα στον θυμό του κάποια στιγμή θα παρέμβει. Κι ανάλογα με την κατάσταση, αυτό μπορεί να έχει και για τους ανθρώπους άμεσες επιπτώσεις.

Αλλά! Ο θυμός του Θεού συνυπάρχει ταυτόχρονα με το έλεός του. Και ο Θεός προτιμά να δείχνει έλεος. Έτσι αν κάποιος αναγνωρίσει τα λάθη και την αμαρτία του μπροστά στον Θεό και ζητήσει τη συγχώρεσή του, τότε ο Θεός θα του χαρίσει αυτή τη συγχώρεση. Πολλοί άνθρωποι το έζησαν αυτό σε διαφορετικές εποχές στο παρελθόν, και εξακολουθούν να το ζουν και στις μέρες μας. Τα ακόλουθα λόγια που είπε ο Θεός στον προφήτη Ιεζεκιήλ πριν από σχεδόν δυόμισι χιλιάδες χρόνια, είναι εξίσου αληθινά και για εμάς σήμερα. Γιατί ο Θεός παραμένει ο ίδιος στον αιώνα!

Ο Κύριος ο Θεός λέει: Δεν θέλω τον θάνατο του αμαρτωλού!
Θέλω να επιστρέψει ο ασεβής από τον δρόμο του, και να ζήσει!

(Ιεζεκιήλ 33:11)

(Δευτερονόμιον 9:19) (Ψαλμός 78:21-22) (Μιχαίας 7:18)
(Σοφονίας 3:8) (κατά Ιωάννην 3:36) (προς Ρωμαίους 1:18)
(προς Ρωμαίους 2:5) (προς Εφεσίους 5:3-6)
(Αποκάλυψη Ιωάννου 21:1-5)

27. Ο ΘΕΟΣ ΜΕΤΑΜΕΛΕΙΤΑΙ

Μπορεί ο Θεός να μετανιώσει κάτι;

Υπάρχουν περικοπές στην Αγία Γραφή που φαίνεται να δείχνουν ακριβώς αυτό. Ο Θεός συχνά περιγράφεται στην Γραφή με ανθρώπινα χαρακτηριστικά, για να γίνει κατανοητός στον άνθρωπο. Το ότι ο Θεός μεταμελείται δεν σημαίνει ότι κάνει λάθη. Η «μεταμέλεια» του Θεού είναι μια έκφραση της μεγάλης θλίψης του.

Για παράδειγμα, όταν ο Θεός είδε ότι η ανθρωπότητα είχε γεμίσει από ανομία και βαρβαρότητα, κι ότι οι άνθρωποι είχαν μόνο το κακό στο νου τους, μετάνιωσε ο Θεός που έκανε τον άνθρωπο. Και όταν ο βασιλιάς Σαούλ επανειλημμένα αγνοούσε το θέλημα του Θεού και έκανε τα δικά του, μετάνιωσε ο Θεός που τον έκανε βασιλιά του Ισραήλ.

Και στις δύο περιπτώσεις, άνθρωποι απογοήτευσαν τον Θεό παίρνοντας λάθος αποφάσεις με πολύ αρνητικές συνέπειες. Και στις δύο περιπτώσεις διαβάζουμε ότι ο Θεός μεταμελήθηκε που εμπιστεύτηκε αυτούς τους ανθρώπους. Απέτυχαν στην δοκιμασία, αποδείχτηκαν αδόκιμοι, και έκαναν τον Θεό να λυπηθεί βαθιά!

Στην Αγία Γραφή βρίσκουμε όμως και παραδείγματα όπου άνθρωποι πήραν σοβαρά την προειδοποίηση του Θεού, απομακρύνθηκαν από τους λάθους δρόμους και ζήτησαν τη συγχώρεσή του. Και έτσι, ο Θεός τους χάρισε έλεος και μια νέα ευκαιρία. Και πάλι μεταμελήθηκε ο Θεός, αλλά σε αυτές τις περιπτώσεις απέτρεψε την τιμωρία. Άρα, βλέπουμε ότι η μεταμέλεια του Θεού μπορεί να εκδηλωθεί σε δύο κατευθύνσεις.

Το συμπέρασμα είναι, ότι το τι επιλέγουν και αποφασίζουν οι άνθρωποι, επηρεάζει σε μεγάλο βαθμό το προσωπικό τους μέλλον, και όχι σπάνια ακόμη και την πορεία της ανθρώπινης ιστορίας. Παρόλα αυτά, ο Θεός πάντα εξακολουθεί να κρατά στα χέρια του όλο τον έλεγχο, ακόμη κι αν κάποιες φορές προσαρμόζει τα σχέδιά του, ανάλογα με τις καλές ή κακές αποφάσεις, που παίρνουμε εμείς.

Χωρίς αμφιβολία θα πετύχει τον στόχο του. Και θα βάλει ένα τέλος σ' αυτόν τον πεσμένο κόσμο, χαρίζοντάς του ταυτόχρονα μια καινούργια και λαμπρή αρχή!

> *Εγώ ο Κύριος εξετάζω την καρδιά και δοκιμάζω τα νεφρά.*
> *Για να δώσω στον καθέναν κατά τους δρόμους του,*
> *και κατά τους καρπούς των έργων του.*
>
> *(Ιερεμίας 17:10)*

> *Ό,τι σπείρει ο άνθρωπος, αυτό και θα θερίσει*
>
> *(προς Γαλάτας 6:7).*

> *Μακάριος ο άνθρωπος που υπομένει πειρασμό.*
> *Γιατί αφού βρεθεί δόκιμος, θα πάρει το στεφάνι τής ζωής,*
> *το οποίο υποσχέθηκε ο Κύριος σ' αυτούς που τον αγαπούν..*
>
> *(Ιακώβου 1:12)*

 (Γένεσις 6:6) (Έξοδος 32:14) (Α' Σαμουήλ 15:11) (Ιωνάς 3:10)

28. ΚΑΘΕ ΕΞΟΥΣΙΑ ΔΙΝΕΤΑΙ ΑΠΟ ΤΟΝ ΘΕΟ

Ο Θεός κατέχει την εξουσία και τη δίνει σε όποιον θέλει.

Δυνατά λόγια! Αν όμως όλοι όσοι έχουν εξουσία, δεν την απέκτησαν τυχαία, αλλά επειδή έτσι το θέλησε και το προσδιόρισε ο ίδιος ο Θεός, τότε πώς εξηγείται το γεγονός, ότι ενώ πολλοί κάνουν κατάχρηση της εξουσίας τους, εξακολουθούν να την διατηρούν; Μήπως μας άφησε ο Θεός στη μοίρα μας και δεν νοιάζεται αν υπάρχει χάος και αταξία;

Σίγουρα δεν ισχύει αυτό. Ο Θεός είναι Θεός της τάξης, αλλά δυστυχώς οι εντολές του δεν εφαρμόζονται ακόμη ολοκληρωτικά σ' αυτόν τον κόσμο, με συνέπεια το κακό να εξακολουθεί να ασκεί την ολέθρια δύναμή του. Αλλά αυτό θα αλλάξει στο μέλλον, όταν έρθει εκείνη η μέρα που έχει ορίσει ο Θεός.

Στο μεταξύ πολλοί «άρχοντες» θα έρθουνε και πολλοί θα φύγουν. Κάποιοι θα κρατήσουν πολύ, άλλοι μόνο λίγο. Ο Θεός δίνει σ' αυτούς εξουσία και ο Θεός την παίρνει πάλι πίσω, ανάλογα με την δίκαια Κρίση του και την υπέρτατη Σοφία του.

Μπορεί προς το παρόν να απορούμε και να αναρωτιόμαστε για πολλά πράγματα που επιτρέπει ο Θεός να συμβαίνουν. Και συχνά ευχόμαστε να παρέμβει ο Θεός άμεσα και να φέρει επιτέλους τη δικαιοσύνη και την τάξη στον κόσμο. Μπορούμε να είμαστε σίγουροι, πως θα το κάνει! Τα σχέδιά του Θεού θα εκπληρωθούν μέχρι και την τελευταία λεπτομέρεια, στην ώρα που έχει καθορίσει Αυτός. Ο Θεός κρατάει τα ηνία. Πάντοτε! Και θα αποδείξει και πάλι, όπως και στην αρχή της δημιουργίας, πως είναι αυτός ο μόνος που μπορεί να φέρει τελεία τάξη μέσα από κάθε αταξία.

Ποιος είναι αυτός ο Βασιλιάς της Δόξας;
Ο Κύριος, δυνατός και κραταιός. Δυνατός στη μάχη.

(Ψαλμός 24:8).

Πόσο μεγάλα είναι τα σημεία Του, πόσο ισχυρά τα θαύματά
Του! Η βασιλεία Του είναι βασιλεία, αιώνια!

(Δανιήλ 4:3)

(Παροιμίες 8:15-16) (Ιερεμίας 27:4-5) (κατά Λουκάν 1:51-52)
(κατά Ιωάννην 3:27 και 19:11) (προς Ρωμαίους 13:1)

29. Ο ΘΕΟΣ ΑΜΕΙΒΕΙ

Ο Θεός αμείβει εκείνους που εργάζονται για την ειρήνη και τη δικαιοσύνη, αγαπούν το έλεος και την καλοσύνη, και έχουν ήπιο χαρακτήρα και καθαρή καρδιά.

Αυτές οι προσδοκίες ακούγονται πολύ υψηλές, ίσως και απρόσιτες. Αν όμως σκεφτούμε ποια είναι η αντίθετη συμπεριφορά, τότε είναι ξεκάθαρο ότι στην πραγματικότητα αυτές οι υψηλές προσδοκίες είναι αυτονόητες.

Το αντίθετο θα ήταν, να προκαλεί κάποιος έριδες, να είναι άδικος, σκληρός, ψυχρός, να έχει ακάθαρτες σκέψεις, και να αγνοεί την ένοχη συνείδησή του. Ένας τέτοιος άνθρωπος είναι βάρος για τους άλλους και η ύπαρξή του σημαίνει για πολλούς μόνο προβλήματα. Ποιος θα ήθελε να είναι έτσι;

Είναι λοιπόν καλό και δίκαιο το να ανταμείβει ο Θεός ανθρώπους που σκορπούν ελπίδα και αισιοδοξία, και των οποίων η ύπαρξη είναι για τους άλλους ευλογία.

Αν θέλουμε να είμαστε τέτοιοι άνθρωποι όλο και περισσότερο, τότε πρέπει να αφήνουμε τον Θεό να μας αλλάζει όλο και περισσότερο.

Από Αυτόν μπορούμε να μάθουμε *βιώσιμη* αγάπη. Αγάπη που όχι μόνο μιλάει, αλλά και πράττει. Αυτή είναι η ποιότητα αγάπης που μας παρακινεί να είμαστε ελεήμονες, υπομονετικοί και δίκαιοι απέναντι στους άλλους.

Μακάριοι είναι οι πράοι, επειδή, αυτοί θα κληρονομήσουν τη γη. Μακάριοι είναι αυτοί που πεινούν και διψούν για δικαιοσύνη, επειδή, αυτοί θα χορτάσουν. Μακάριοι είναι οι ελεήμονες, επειδή αυτοί θα ελεηθούν. Μακάριοι οι καθαροί στην καρδιά, επειδή αυτοί θα δουν τον Θεό. Μακάριοι είναι αυτοί που φέρνουν ειρήνη, επειδή αυτοί θα ονομαστούν υιοί τού Θεού.

(Ιησούς Χριστός, κατά Ματθαίον 5:5-9)

(Ψαλμός 24:3-4) (Ψαλμός 37:11) (Παροιμίες 21:21)
(προς Β' Κορινθίους 13:11) (προς Γαλάτας 5:22-23)
(προς Εβραίους 12:14) (Ιακώβου 2:13 και 3:18)

30. Ο ΘΕΟΣ ΜΑΣ ΛΕΕΙ ΤΙ ΕΙΝΑΙ ΤΟ ΚΑΛΟ

Τι είναι το καλό;

Σχετικά με αυτό υπάρχουν αρκετές διαφορετικές απόψεις, αλλά καμία οριστική και ενιαία απάντηση. Γιατί η γνώμη μας για το τι είναι καλό, πολλές φορές εξαρτάται από τις εμπειρίες μας και τις αξίες μας. Όπως κι από τη συγκεκριμένη κατάσταση στην οποία βρισκόμαστε.

Ο Ιησούς Χριστός είπε κάποτε πολύ ξεκάθαρα, ότι μόνο ο Θεός είναι καλός. Επομένως είναι ο Θεός κι ο μόνος που μπορεί να κρίνει και να καθορίσει τι είναι πραγματικά καλό. Η δική μας προσωπική κρίση δεν είναι ποτέ τόσο αντικειμενική, όσο αυτή του Θεού. Γιατί μόνο Αυτός βλέπει την συνολική εικόνα, και μόνο Αυτός έχει την απόλυτη αντίληψη του πώς συνδέονται τα πάντα μεταξύ τους. Επομένως, αν θέλουμε να μάθουμε τι είναι το καλό, πρέπει να βασιστούμε σε αυτά που λέει ο Θεός.

Στο βιβλίο του προφήτη Μιχαία διαβάζουμε: «Άνθρωπε, ο Θεός σου έδειξε τι είναι το καλό: Να πράττεις το δίκαιο, να αγαπάς το έλεος, και να περπατάς ταπεινά μαζί με τον Θεό σου». Και η μεγαλύτερη εντολή είναι: «Θα αγαπάς τον Κύριο τον Θεό σου με όλη την καρδιά σου, με όλη την ψυχή σου, με όλη τη δύναμή σου, και με όλη τη διάνοιά σου. Και τον πλησίον σου όπως τον εαυτό σου». Αυτά τα λόγια φανερώνουν τι είναι καλό. Αν πραγματικά θέλουμε να τα εφαρμόσουμε, τότε ας ζητήσουμε από τον Θεό να μας αλλάζει εσωτερικά και να μας βοηθάει να βλέπουμε και να σκεφτόμαστε όλο και περισσότερο σαν Αυτόν. Μόνο έτσι θα αποκτάμε όλο και περισσότερο τη σωστή προοπτική, για το τι είναι όντως καλό και πολύτιμο.

Μη συμμορφώνεστε με αυτές τις εποχές, αλλά να αλλάζετε εσωτερικά, καθώς ανανεώνεται και ο τρόπος που σκέφτεστε. Ώστε να καταλαβαίνετε τι είναι το θέλημα του Θεού, το αγαθό και ευάρεστο και τέλειο.

(προς Ρωμαίους 12:2)

(Δευτερονόμιον 6:5) (Μιχαίας 6:8) (κατά Ματθαίον 23:23)
(κατά Μάρκον 12:29-31) (κατά Λουκάν 10:27)
(προς Ρωμαίους 12:2) (προς Φιλιππησίους 4:8)
(προς Εβραίους 13:16) (προς Α' Θεσσαλονικείς 5:18)

31. Ο ΘΕΟΣ ΕΚΤΙΜΑ ΠΑΝΩ ΑΠΟ ΟΛΑ ΤΗΝ ΑΓΑΠΗ

Στα μάτια του Θεού, η αγάπη είναι αυτό που μετράει περισσότερο!

Η αγάπη δεν είναι απλά μόνο μια λέξη ή ένα συναίσθημα, αλλά και μια ενεργή και συνειδητή πράξη. Και είναι πολλοί οι άνθρωποι που προσπαθούν να κάνουν καλές πράξεις. Κάποιοι βάζουν τα δικά τους συμφέροντα σε δεύτερη θέση, για να κάνουν καλό στους άλλους, παρόλο που αυτό τους κοστίζει ακριβά. Και κάποιοι άλλοι γίνονται ήρωες, που θυσιάζουν ακόμη και τη ζωή τους, για σώσουν τις ζωές άλλων. Όλοι αυτοί συμβάλουν στο να γίνει ο κόσμος μας καλύτερος και πιο δίκαιος, και αξίζουν πράγματι τον σεβασμό και την αναγνώρισή μας.

Κι ο Θεός ο ίδιος βλέπει τις προσπάθειες που καταβάλουν οι άνθρωποι για το καλό, και σίγουρα θα τους ανταμείψει δίκαια. Εκείνος κοιτάζει όμως ακόμα πιο βαθιά. Κοιτάζει μέσα μας! Εξετάζει, αν το καλό που κάνουμε είναι από αγάπη, γιατί αυτό έχει στα μάτια του Θεού ακόμα μεγαλύτερη αξία. Ο Θεός αναζητά την αληθινή αγάπη στις καρδιές μας. Αυτή η αγάπη πρέπει να είναι το κύριο κίνητρο για τις προσπάθειες και τις θυσίες μας. Γιατί υπάρχουν και άλλα κίνητρα, λιγότερο «ευγενή». Όπως, όταν κάνουμε το καλό, για να νιώθουμε εμείς καλύτερα ή για να ελαφρώσουμε τη συνείδησή μας. Ή όταν κάνουμε το καλό, επειδή απλά έτσι είναι το σωστό. Ή γιατί μας βοηθάει να βρούμε κάποιο νόημα στη ζωή μας, ή να κερδίσουμε τον θαυμασμό των άλλων.

Όταν κάνουμε το καλό, πρέπει να είναι επειδή αγαπάμε. Επειδή αγαπάμε τον Θεό, τον Κύριό μας «με όλη μας την καρδιά, με όλη μας τη δύναμη και με όλο τη διάνοιά μας, και τον πλησίον μας όπως τον εαυτό μας».

Ο Θεός εκτιμά πάνω από όλα την αγάπη! Και μόνο Αυτός μπορεί να μας χαρίσει την πραγματική και βαθιά αγάπη, γιατί ο ίδιος είναι η Αγάπη και η Πηγή της Αγάπης. Αν νιώθουμε ότι δεν αγαπάμε αρκετά και ότι η αγάπη μας πρέπει να αυξηθεί, τότε ας ζητήσουμε από τον Θεό να ενεργήσει μέσα μας την δικιά του αγάπη. Διότι ό,τι κι αν έχει σημασία σήμερα, κάποτε θα σβήσει, θα χαθεί. Η αγάπη όμως μένει στον αιώνα.

> *Κι αν έχω χαρίσματα, ή και γνώση, ή και πίστη αλλά δεν έχω αγάπη, δεν είμαι τίποτε! Μεγαλύτερη ακόμα κι από την πίστη και την ελπίδα, είναι η αγάπη. Αυτή μένει!*
>
> *(από τον Ύμνο της Αγάπης, προς Α' Κορινθίους 13)*

> *Όλος ο νόμος εκπληρώνεται σε έναν λόγο:*
> *Αγάπα τον πλησίον σου όπως τον εαυτό σου!*
>
> *(προς Γαλάτας 5:14)*

 (Λευιτικόν 19:18) (προς Α' Κορινθίους 13:2-3)
(προς Κολοσσαείς 3:14) (προς Α' Θεσσαλονικείς 1:3)

32. Ο ΘΕΟΣ ΜΑΣ ΔΕΙΧΝΕΙ ΠΩΣ ΕΡΓΑΖΕΤΑΙ Η ΠΡΑΓΜΑΤΙΚΗ ΑΓΑΠΗ

Εμείς οι άνθρωποι παίρνουμε τη λέξη «αγάπη» πολύ συχνά στο στόμα μας: «Αγαπάω τη ζωή, αγαπώ τον ήλιο, αγαπώ τα βουνά...αγαπώ τα ζώα, αγαπώ την πίτσα...αγαπώ τη δουλειά μου, αγαπώ την οικογένειά μου, τα παιδιά μου...Σ' αγαπώ». Όμως τι είναι όντως αγάπη; Και πως είναι η αληθινή και αγνή αγάπη; Υπάρχει κάποιος ειδικός, κάποιος γνώστης της Αγάπης, που μπορεί να μας διδάξει;

Ναι πραγματικά υπάρχει! Είναι ο ίδιος ο Θεός, ο εφευρέτης της αγάπης. Αυτός είναι αγάπη. Και έτσι είναι ο καλύτερος γνώστης, για το τι θα πει αγάπη και πώς αυτή λειτουργεί. Γι' αυτό και βρίσκουμε πολλές σχετικές περικοπές στη Γραφή.

Ένα πολύ γνωστό απόσπασμα βρίσκεται στο κεφάλαιο 13 της Α' Επιστολής προς Κορινθίους. Ονομάζεται και ο *«Ύμνος της Αγάπης»*. Εκεί διαβάζουμε πολύ όμορφες δηλώσεις, αλλά και κάποιες που έχουν μια ιδιαίτερη πρόκληση: Η αγάπη κάνει θυσίες και δεν σκέφτεται μόνο το δικό της καλό. Δεν φθονεί, δεν είναι απρεπής. Μπορεί να αντέξει πολλά. Έχει κατανόηση, μπορεί να περιμένει, δεν κρατάει κακία. Η αγάπη δεν χάνει ποτέ την ελπίδα. Η αγάπη μένει παντοτινά.

Τέτοια αγάπη χρειαζόμαστε! Αυτό είναι το είδος της αγάπης που διαρκεί και φέρνει ζεστασιά σε έναν κόσμο κρύο και ασταθή. Αλλά δεν βρίσκεται εύκολα! Τέτοια αγάπη είναι δώρο από τον Θεό και μόνο Αυτός μπορεί να την φέρει στην καρδιά ενός ανθρώπου. Ο Θεός μπορεί να μας αλλάξει μέσα μας. Μπορεί να μας βοηθήσει να βλέπουμε όλο και περισσότερο με τα μάτια του και να αγαπάμε με την καρδιά του. Αν το θέλουμε. Αν ανοιχτούμε σε αυτό. Είναι μια διαδικασία με πολλά σκαμπανεβάσματα. Αξίζει όμως να επιμείνουμε! Γιατί η αγάπη που βάζει ο Θεός στην καρδιά του ανθρώπου δεν θα μείνει χωρίς αποτέλεσμα. Θα κυλήσει, θα ποτίσει και θα αλλάξει τον κόσμο. Αυτό κάνει πάντα η αληθινή αγάπη.

Η αγάπη μακροθυμεί, αγαθοποιεί.
Η αγάπη δεν φθονεί, δεν αυθαδιάζει, δεν υπερηφανεύεται.
Η αγάπη δεν είναι αυθάδης, δεν ζητάει τα δικά της,
Δεν εξάπτεται, δεν συλλογίζεται το κακό.
Δεν χαίρεται στην αδικία, συγχαίρει όμως στην αλήθεια.
Η αγάπη πάντα καλύπτει, πάντα πιστεύει, πάντα ελπίζει,
πάντα υπομένει.

(Ο Ύμνος της Αγάπης, προς Α' Κορινθίους 13:4-8)

Ο Θεός είναι αγάπη, και όποιος μένει στην αγάπη, μένει στον
Θεό και ο Θεός μένει μέσα σ' αυτόν.

(Α' Ιωάννου 4:16)

(προς Ρωμαίους 5:5 και 13:8) (προς Γαλάτας 5:14)
(προς Α' Τιμόθεον 1:5) (προς Α' Ιωάννου 4:7)

33. Η ΣΟΦΙΑ ΤΟΥ ΘΕΟΥ ΕΙΝΑΙ ΑΝΩΤΕΡΗ ΚΑΙ ΔΙΑΦΟΡΕΤΙΚΗ ΑΠΟ ΟΠΟΙΑΔΗΠΟΤΕ ΑΝΘΡΩΠΙΝΗ ΣΟΦΙΑ

Είναι εντυπωσιακό το πόσα έχουμε ήδη καταφέρει ως άνθρωποι και πόσους στόχους έχουμε πετύχει! Στην επιστήμη, τη γνώση, την εκπαίδευση, την τεχνολογία... Λύσαμε περίπλοκα προβλήματα, και κατανοήσαμε πως συνδέονται πολλά πράγματα αναμεταξύ τους. Είμαστε ο «Homo Sapiens», ο «σοφός άνθρωπος» περισσότερο από ποτέ.

Ωστόσο, όλη αυτή η σοφία μπορεί να μετατραπεί σε παγίδα, αν δεν μας φωτίζει, αλλά αντίθετα μας τυφλώνει. Αν μας εμποδίζει να διακρίνουμε τον Θεό. Αν μας κάνει να μη βλέπουμε ότι Αυτός είναι ο Δημιουργός μας, που μας αγαπά. Αν μας κρατά από το να αναγνωρίσουμε ότι η ζωή μας αποκτά αληθινό νόημα μόνο όταν τη ζούμε μαζί με τον Θεό και ακολουθούμε τις οδηγίες του. Η Γραφή αποκαλεί μια σοφία που γνωρίζει πολλά, αλλά αδυνατεί να κατανοήσει τα ουσιώδη, «μωρία». Μια άλλη λέξη για την ανοησία και την απερισκεψία...

Η σοφία που δίνει ο Θεός όμως είναι άλλου είδους. Ανοίγει και τα μάτια και τον νου. Μας βοηθά να βλέπουμε τον κόσμο και τους ανθρώπους, ακόμα και τον εαυτό μας, κάτω από το φως της αλήθειας. Η σοφία του Θεού μας απαλλάσσει από την υπερηφάνεια και την αλαζονεία και μας κάνει ικανούς για μάθηση, υπομονετικούς και προσφιλείς. Που θα βρούμε λοιπόν αυτήν τη σοφία;

«Αρχή σοφίας, φόβος Κυρίου», διαβάζουμε στις παροιμίες του Σολομώντα. Που θα πει, ότι ο Θεός χαρίζει σοφία σ' αυτούς που τον σέβονται και τον τιμούν στη ζωή τους, και που εμπιστεύονται τις οδηγίες του μέσα στην Γραφή. Η Αγία Γραφή είναι η μόνη καθαρή πηγή, από την οποία μπορούμε να αντλήσουμε γνήσια γνώση για τον Θεό. Και όσο περισσότερο γνωρίζουμε και κατανοούμε τον Θεό, τόσο περισσότερο κερδίζει Εκείνος τον θαυμασμό και σεβασμό μας.

Κι αυτό μας δίνει Σοφία, ανώτερη από κάθε άλλη σοφία στον κόσμο αυτόν!

> *Η άνωθεν σοφία, είναι μεν πρώτα αγνή, και μετά ειρηνική, επιεικής, πρόθυμη για υπακοή, πλήρης ελέους και καλών καρπών, αντικειμενική και χωρίς υποκρισία.*
>
> *(Ιακώβου 3:17)*

> *Όλη η σοφία ξεκινά με τον φόβο του Κυρίου.*
> *Και η επίγνωση για τον άγιο Θεό είναι φρόνηση.*
>
> *(Παροιμίες 9:10)*

(Δανιήλ 2:20) (προς Α' Κορινθίους 3:18-20)
(προς Κολοσσαείς 2:3)

34. Ο ΘΕΟΣ ΔΙΝΕΙ ΖΩΗ, ΤΗΝ ΤΩΡΙΝΗ ΚΑΙ ΤΗΝ ΑΙΩΝΙΑ

Ακούγεται πως επιστήμονες κάνουν πειράματα με σκοπό τη δημιουργία ζωής. Ωστόσο, αυτά τα πειράματα απαιτούν ήδη υπάρχοντα κύτταρα ή γενετικό υλικό. Ποτέ δεν έχει προκύψει ζωή από άψυχη ύλη σε κανένα εργαστήριο, ούτε έχει καταφέρει κανείς να δημιουργήσει ύλη από το απόλυτο μηδέν. Μόνο ο Δημιουργός Θεός έχει τη σοφία και τη δύναμη να φέρει τη ζωή στην ύπαρξη και να τη διατηρήσει, πέρα από τις ανθρώπινες δυνατότητες. Αυτός είναι που χαρίζει τόσο τη φυσική ζωή όσο και την αιώνια, που δεν έχει τέλος.

Όπως ο αέρας και το νερό είναι ζωτικής σημασίας για το σώμα μας, έτσι έχει κι ο Θεός ζωτική σημασία για την εσωτερικό μας άνθρωπο, για την ψυχή μας. Το να έχουμε συνείδηση της ύπαρξης και της παρουσίας του Θεού, και το να ζούμε την καθημερινότητα μαζί του, καθώς του εμπιστευόμαστε όλη μας τη ζωή, είναι αυτό που ζωντανεύει την ψυχή μας και ελευθερώνει το πνεύμα μας. Και τώρα και για πάντα!

Και ο Κύριος ο Θεός έπλασε τον άνθρωπο από το χώμα της γης. Και φύσηξε στα ρουθούνια του πνοή ζωής, και έγινε ο άνθρωπος ζωντανή ψυχή.

(Γένεση 2:7)

 (Ψαλμός 36:9) (Ιεζεκιήλ 37:1-10) (κατά Ιωάννην 5:21-25) (προς Ρωμαίους 1:17) (προς Κολοσσαείς 1:16-17)

35. Ο ΘΕΟΣ ΕΧΕΙ ΕΞΟΥΣΙΑ ΣΕ ΖΩΗ ΚΑΙ ΘΑΝΑΤΟ

Στο βιβλίο του Ιεζεκιήλ, στην Παλαιά Διαθήκη, στην Αγία Γραφή υπάρχει μία συναρπαστική περικοπή. Στο κεφάλαιο 37 ο Ιεζεκιήλ αφηγείται ένα όραμα που είχε. Είδε ότι στεκότανε στο μέσον μιας πεδιάδας γεμάτη κατάξερα κόκκαλα πεθαμένων. Ο Θεός του είπε να προφητέψει πάνω σε αυτά τα ξερά κόκαλα ότι ο Κύριος θα εμφυσήσει μέσα τους πνεύμα και θα τα επαναφέρει στη ζωή. Όταν ο Ιεζεκιήλ φώναξε τα λόγια του Θεού, τα ξερά κόκαλα άρχισαν να κινούνται και να συνδέονται μεταξύ τους. Νεύρα σχηματίστηκαν, σάρκα και δέρμα τα περισκέπασαν. Έτσι, πάνω στο χώμα κείτονταν πια ανθρώπινα σώματα, έτοιμα και πλήρως αναδομημένα. Ένας μεγάλος στρατός από αμέτρητους μαχητές. Αλλά δεν υπήρχε ζωή μέσα τους. Μόνο όταν έπνευσε πάνω τους η πνοή του Θεού, μόνο τότε ζωντάνεψαν και ξανάζησαν. «Θα πνεύσω πάνω σας με την πνοή μου και θα αναζήσετε», είπε ο Θεός. «Από αυτό θα γνωρίσετε ότι εγώ είμαι ο Κύριος», ήταν τα λόγια του.

Στην Καινή Διαθήκη διαβάζουμε ακόμη, ότι ο Ιησούς Χριστός, ο Υιός του Θεού, ανέστησε νεκρούς. Τον Λάζαρο από τη Βηθανία. Τον γιο της χήρας στην πόλη Ναΐν. Την θυγατέρα του Ιαείρου. Μέχρι που νίκησε ο Ιησούς Χριστός τον θάνατο εντελώς, μέσω της Ανάστασής του. Μόνο ο Θεός μπορεί να δώσει ζωή. Κι Αυτός μόνο δίνει και την αιώνια ζωή.

Οι άνθρωποι προσπαθούν ακόμα να ανακαλύψουν και να αποκωδικοποιήσουν το μυστικό της αθανασίας. Ερευνούν την πρωτεΐνη C1q ή το γονίδιο FoxO, και πολλά παρόμοια. Αντί να προσπαθούμε να παίξουμε τον ρόλο του Θεού, θα ήταν πολύ καλύτερο για μας να στραφούμε περισσότερο στον Κύριο και Θεό μας, που όχι μόνο θέλει, αλλά και μπορεί να μας χαρίσει την αληθινή αθανασία και την αιώνια ζωή. Είναι Αυτός η Πηγή της Αιώνιας Ζωής. Και ο μόνος που μπορεί να σβήσει τη δίψα μας για ζωή ολοκληρωτικά!

Αν κατοικεί μέσα σας το πνεύμα Εκείνου που ανέστησε τον Ιησού από τους νεκρούς, τότε Αυτός που ανέστησε τον Ιησού Χριστό από τους νεκρούς θα δώσει επίσης ζωή στα θνητά σας σώματα, μέσω του Πνεύματός Του που κατοικεί μέσα σας.

(προς Ρωμαίους 8:11)

(Ψαλμός 36:9) (Ιεζεκιήλ 37:1-10)
(κατά Ματθαίον 9:23-26) (κατά Λουκάν 7:11-16)
(κατά Ιωάννην 3:16 και 10:10 και 11:43)
(Πράξεις Αποστόλων 10:40) (προς Ρωμαίους 6:5)
(προς Α' Κορινθίους 15:21 και 15:42) (προς Β' Τιμόθεον 1:10)

36. Ο ΘΕΟΣ ΒΛΕΠΕΙ ΤΑ ΠΑΝΤΑ

Ο Θεός βλέπει τους πάντες και τα πάντα. Ερευνά και γνωρίζει τα βάθη της καρδιάς μας. Αυτό είναι ένα γεγονός που μπορεί να φέρει ταυτόχρονα φόβο αλλά και μεγάλη ανακούφιση. Τίποτα δεν ξεφεύγει από το βλέμμα του Θεού, τίποτα δεν είναι κρυφό στα μάτια του. Βλέπει το κακό το οποίο και καταδικάζει, αλλά βλέπει και το καλό το οποίο ανταμείβει. Δεν έχει νόημα να προσπαθεί κανείς να κρύψει κάτι από τον Θεό. Δεν γίνεται έτσι κι αλλιώς, γιατί ο Θεός βλέπει βαθιά μέσα μας, βλέπει την καρδιά.

Όπως και όταν ο προφήτης Σαμουήλ πήγε να χρίσει τον νέο βασιλιά για τον λαό Ισραήλ. Σαν είδε τον Ελιάβ, τον Γιό του Ιεσσαί, με το εντυπωσιακό του παρουσιαστικό και ανάστημα, θεώρησε ο Σαμουήλ ότι ο Ελιάβ σίγουρα ήταν ο χρισμένος του Κυρίου. Όμως ο Θεός απέκλεισε τον Ελιάβ λέγοντας στον Σαμουήλ, ότι ο άνθρωπος βλέπει αυτό που φαίνεται, ο Κύριος όμως βλέπει την καρδιά.
Εκτός απ' τον τελευταίο που ποίμαινε τα πρόβατα, πέρασαν οι γιοι του Ιεσσαί όλοι με την σειρά, όμως κανέναν από αυτούς δεν είχε διαλέξει ο Θεός. Ο Χρισμένος του Κυρίου ήταν ο Δαβίδ, ο βοσκός. Μικρότερος από τους αδελφούς του σε ηλικία, αλλά προφανώς μεγαλύτερος στην καρδιά. Και όντως βλέπουμε κι αργότερα, πως ενώ ο βασιλιάς Δαβίδ δεν ήταν καθόλου τέλειος και έκανε μεγάλα λάθη, πάντα όμως ζήταγε την παρουσία του Θεού, κι η καρδιά του ήταν πάντα στραμμένη προς τον Θεό και το θέλημά του. Έτσι που και ο ίδιος ο Θεός ονόμασε τον Δαβίδ «έναν άνθρωπο κατά την καρδία του».

Αυτό το περιστατικό δείχνει ότι ο Θεός δεν βλέπει μόνο το απέξω αλλά και το από μέσα, είτε όμορφο, είτε όχι. Ο Θεός μάς γνωρίζει σε βάθος. Ας μη μας φοβίζει όμως αυτό. Γιατί ο Θεός καταλαβαίνει καλύτερα απ' ότι εμείς οι ίδιοι τον εαυτό μας. Τα κίνητρά μας, τις σκέψεις μας. Και παρόλο που δεν βλέπει μόνο τα προσόντα και τις ικανότητές μας, αλλά και αυτήν τη σκοτεινή μας πλευρά, δεν παύει ωστόσο να μας αγαπά. Γιατί ο Θεός μισεί μεν την αμαρτία που βλέπει μέσα στον άνθρωπο, όμως αν ο αμαρτωλός μετανιώσει, ο θεός τον δέχεται και του δίνει έλεος και χάρη.

Ο Θεός βλέπει τα πάντα! Αλλά μπορούμε να έρθουμε κοντά του, με όλες μας τις ατέλειες και αδυναμίες. Και θα βρούμε μια ανοιχτή αγκαλιά, συγχώρεση, αλλαγή, και μια καινούργια αρχή.

Ο Κύριος κοίταξε από τον ουρανό, είδε όλους τους ανθρώπους. Από το κατοικητήριό Του κοίταξε όλους τους κατοίκους τής γης. Αυτός που έπλασε τις καρδιές τους, Αυτός που γνωρίζει όλα τα έργα τους.

(Ψαλμός 33:13-15)

Κύριε, με δοκίμασες και με γνώρισες.
Εσύ γνωρίζεις πότε κάθομαι και πότε σηκώνομαι,
Εσύ καταλαβαίνεις τις σκέψεις μου από μακριά.
Το βάδισμά μου και το πλάγιασμά μου Εσύ το εξιχνίασες,
και όλους τους δρόμους μου τους είδες από πριν.
Πριν ακόμη έρθει ο λόγος στη γλώσσα μου,
Εσύ Κύριε τα ξέρεις όλα, τα παλιά και τα καινούργια.
Εσύ με έπλασες και έβαλες το χέρι Σου πάνω μου.
Η γνώση Σου είναι πολύ θαυμαστή για μένα,
έγινε δυνατή, δεν μπορώ να τη φτάσω.
Πού να πορευθώ από το πνεύμα Σου,
και πού να φύγω από το πρόσωπό Σου;
Αν ανέβω στον ουρανό, είσαι εκεί, αν κατέβω στον Άδη,
είσαι παρών. Αν πάρω τα φτερά μου την αυγή και μείνω στα
τελευταία μέρη της θάλασσας, και εκεί θα με καθοδηγήσει το
χέρι Σου, και θα με κρατήσει η δεξιά Σου.

(Ψαλμός 139,1-10)

(Γένεσις 3:8) (Α' Σαμουήλ 13:14 και 16:1-14)
(Α' Χρονικών 28:9) (Ψαλμός 44:21) (Ψαλμός 90:8)
(Ιερεμίας 23:24) (Δανιήλ 2:22)
(κατά Ιωάννην 3:20-21) (προς Ρωμαίους 2:16 και 8:26)
(Πράξεις Αποστόλων 15:8)

37. ΤΟ ΣΧΟΙΝΙ ΤΟΥ ΘΕΟΥ ΕΙΝΑΙ ΠΙΟ ΙΣΧΥΡΟ ΑΠΟ ΚΑΘΕ ΣΧΟΙΝΙ ΠΑΓΙΔΑΣ

Μπορεί κάποιος να έχει πιαστεί ζωντανός μέσα σε μια παγίδα και να μην το έχει καν καταλάβει; Ενώ κινείται, σκέφτεται, και ζει, εκπληρώνει άθελα και απαρατήρητα τους σκοπούς κάποιου άλλου, ο οποίος ξέρει με μεγάλη δεξιοτεχνία να τυφλώνει και να περιπλανά. Μπορεί αυτό να είναι όντως πραγματικότητα και όχι απλώς μια κακή ταινία; Είναι δυνατόν, ενώ σκεφτόμαστε και ενεργούμε σαν ελεύθεροι άνθρωποι, στην ουσία να είμαστε ελεγχόμενοι ή κατευθυνόμενοι;

Σύμφωνα με όσα λέει η Αγία Γραφή, ο άνθρωπος μπορεί εύκολα να επηρεαστεί. Δυστυχώς όχι μόνο προς στη σωστή κατεύθυνση. Αν δεν προσέξουμε, μπορεί να δελεαστούμε και να πλανηθούμε τόσο, ώστε τελικά να χάσουμε τις πνευματικές αισθήσεις μας και να μην αντιλαμβανόμαστε πλέον το τι πραγματικά μας σπρώχνει και μας παρακινεί. Αυτό συμβαίνει συχνά όταν αφήνουμε τους πόθους και τις επιθυμίες μας να μας κατευθύνουν, να έχουν το λέγειν στη ζωή μας. Όταν ανταλλάσσουμε συνειδητά το σωστό με το λάθος, την αλήθεια με το ψέμα, για να πετύχουμε αυτό που θέλουμε. Στην αρχή η συνείδηση ελέγχει, αλλά με τον καιρό θολώνει, εξασθενεί. Ο νους σκοτίζεται, γίνεται *αδόκιμος*, όπως το ονομάζει η Γραφή. Και ο άνθρωπος, πια εσωτερικά τυφλός, δεν έχει πλέον τη δυνατότητα να αντιληφθεί την αμαρτία και να αναγνωρίσει ότι πράττει άσχημα. Έτσι, συνεχίζει να βαδίζει σε λάθος κατεύθυνση, με δυσάρεστες ή και ολέθριες συνέπειες. Γιατί ένας τέτοιος άνθρωπος είναι εύκολη λεία για τις πλεκτάνες και μηχανογραφίες του κακού. Νομίζει ότι είναι ελεύθερος να κάνει ό,τι θέλει. Στην πραγματικότητα όμως είναι πιασμένος σε παγίδα, με σφιχτή θηλιά.

Από αυτή τη σκοτεινή τρύπα της φυλακής, από αυτή την ελεεινή κατάσταση, μόνο ο Θεός μπορεί να βγάλει τον άνθρωπο, με το ισχυρό του σχοινί. Καθώς Αυτός ανοίγει ξανά τα μάτια και τα αυτιά της ανθρώπινης καρδιάς και μας τραβάει στο θαυμαστό του φως. Ο Θεός μπορεί να φέρει μέσα μας αλλαγή, ώστε να μπορούμε να δούμε μέσα από τα μάτια του. Για να αναγνωρίζουμε το θέλημά του, το οποίο είναι το αγαθό, το ευάρεστο, και το τέλειο. Έτσι που το κακό να μην μπορεί πλέον εύκολα να μας τυφλώσει.

Και να είμαστε βέβαιοι: Όσο δυνατά κι αν είναι τα σχοινιά, με τα οποία ο εχθρός της ψυχής μας θέλει να μας σύρει στις παγίδες του, το σχοινί του Θεού είναι ασύγκριτα ισχυρότερο!

Τα μάτια μου είναι δια παντός προς τον Κύριο,
επειδή Αυτός θα βγάλει τα πόδια μου από την παγίδα.

(Ψαλμός 25:15)

(Ησαΐας 59:10) (Ιερεμίας 5:4)
(κατά Ιωάννην 6:44 και 6:65 και 8:32)
(προς Ρωμαίους 1:18-32 και 12:2) (προς Α' Τιμόθεον 2:4)
(προς Β' Τιμόθεον 2:25-26) (Αποκάλυψη Ιωάννου 3:17-18)

38. Ο ΘΕΟΣ ΜΑΣ ΜΙΛΑΕΙ ΜΕΣΑ ΑΠΟ ΤΟΝ ΓΡΑΠΤΟ ΛΟΓΟ ΤΟΥ

Είναι κάποια πράγματα στην Αγία Γραφή γραμμένα, που δεν είναι εύκολο να κατανοηθούν. Υπάρχουν ερωτηματικά που δεν θα παύσουν να μας απασχολούν σ' ολόκληρη την ζωή μας, και άλλα που θα μείνουν αναπάντητα. Αλλά και αυτά που καταλαβαίνουμε μέσα από την Γραφή δεν είναι πάντα εύκολα να τα εφαρμόσουμε.

Όμως αξίζει να δεχθούμε αυτήν την πρόκληση, να επιμένουμε να διαβάζουμε την Γραφή, γιατί είναι ο ίδιος ο Θεός που μας μιλάει μέσα από αυτήν. Καθώς τη διαβάζουμε, μαθαίνουμε τον τρόπο που βλέπει και σκέφτεται ο Θεός. Αυτό μας δίνει τον σωστό προσανατολισμό, ώστε η ζωή μας και η συνύπαρξή μας με τους άλλους ανθρώπους σε αυτόν τον κόσμο να μπορεί να λειτουργήσει με τον καλύτερο δυνατό τρόπο. Κι όχι σπάνια μιλάει ο Θεός μέσα απ' τη Γραφή κατευθείαν στην καρδιά ενός ανθρώπου, τόσο καθαρά και συγκεκριμένα, σαν να άκουγε αυτός μια φωνή δίπλα του.

Η Αγία Γραφή έχει δεχθεί έντονη κριτική από πολλούς. Ορισμένα από αυτά που είναι γραμμένα, περιγράφονται ως υπερβολικά και απόλυτα. Άλλα απορρίπτονται ως ξεπερασμένα. Και παρόλο που η αξιοπιστία της Γραφής στηρίζεται ιστορικά και αρχαιολογικά, παρόλη την ακριβής εκπλήρωση εκατοντάδων προφητειών, παρόλη την ηθική και πνευματική της επίδραση που αναμφίβολα έχει διαμορφώσει νόμους και ολόκληρους πολιτισμούς, σπέρνονται συνεχώς αμφιβολίες, για το αν και πόσο μπορούμε να βασιστούμε σε αυτά που είναι γραμμένα στην Αγία Γραφή, για να βρούμε κατεύθυνση και σωστή προοπτική στην ζωή μας.

Όσοι όμως διαβάζουν αυτό το βιβλίο και το παίρνουν στα σοβαρά, μιλάνε επανειλημμένα για το πώς αλλάζει η σκέψη και η προοπτική τους, ακόμα κι η ίδια η ζωή τους, σαν αποτέλεσμα. Βιώνουν ότι αυτό που γράφτηκε από ανθρώπινα χέρια, είναι εμπνευσμένο από τον Θεό!

Ο Θεός μιλάει μέσα από τον γραπτό Λόγο του. Και μονάχα αυτός ο θεόπνευστος Λόγος εξακολουθεί και σήμερα να έχει τη δύναμη να διεισδύσει στο είναι μας, και να φέρει ανακαίνιση, φως και ελπίδα στα βάθη της καρδιάς μας.

> *Τα λόγια που εγώ σας λέω, είναι πνεύμα και είναι ζωή!*
>
> *(Ιησούς Χριστός, κατά Ιωάννην 6:63)*

 (προς Β' Τιμόθεον 3:16-17) (Α' Πέτρου 1:23)

39. Ο ΘΕΟΣ ΜΙΛΑΕΙ ΚΑΙ Ο ΛΟΓΟΣ ΤΟΥ ΕΙΝΑΙ ΙΣΧΥΡΟΣ

Ο Θεός «εἶπεν καὶ ἐγένετο»! Μέσω Αυτού έγιναν όλα όσα υπάρχουν. Ο Θεός είναι αυτός που καλεί τα πάντα από την «μην ύπαρξη στην ύπαρξη». Ο Λόγος του είναι ισχυρός, δημιουργικός, αγνός και αξιόπιστος. Δίνει νέα ζωή, φέρνει φως και διαύγεια. Ο Λόγος του Θεού ελευθερώνει και θεραπεύει.

Αυτά που είπε ο Θεός τα διαβάζουμε μέσα στην Αγία Γραφή. Και εκεί διαβάζουμε επίσης ότι ο Λόγος του Θεού έγινε άνθρωπος στο πρόσωπο του Ιησού Χριστού.

Ο Χριστός είπε κάποτε, ότι το στόμα μιλάει από το περίσσευμα της καρδιάς. Αυτό δεν ισχύει μόνο για εμάς τους ανθρώπους. Κι ο Θεός μίλησε από την πληρότητα της καρδιάς του, και είπε: «Ιησούς Χριστός». Και ο Λόγος Αυτός του Θεού έγινε άνθρωπος, που έζησε ανάμεσά μας, σαν ένας από μας!

Ο Ιησούς Χριστός, μας αποκάλυψε την καρδιά και τη φύση του Πατέρα Θεού. Αυτός, ο Υιός του Θεού, ήταν γεμάτος έλεος και αλήθεια, και γεμάτος αγάπη για εμάς τους ανθρώπους. Αγάπη που του κόστισε πολύ. Γιατί ο Θεός είναι Θεός των πράξεων, όχι μόνο των λόγων. Έτσι μπορούμε με σιγουριά να χτίσουμε και να βασίσουμε την ζωή μας, σ' αυτά που λέει ο Θεός.

Ακόμη κι αν ο ουρανός και η γη παρέλθουν, ο Λόγος του Θεού μένει στον αιώνα.

Ο λόγος που βγαίνει από το στόμα μου δεν θα επιστρέψει σε μένα αδειανός. Θα κάνει το θέλημά μου και θα πετύχει σε ό,τι τον αποστέλλω.

(Ησαΐας 55:11)

(Α' Βασιλέων 8:20) (Β' Σαμουήλ 22:31) (Ψαλμός 18:30)
(Ησαΐας 40:8) (Ιεζεκιήλ 12:25 και 17:24 και 37:14)
(κατά Ματθαίον 4:4 και 12:34 και 24:35)
(προς Ρωμαίους 4 17) (προς Εφεσίους 6:17)
(προς Εβραίους 4:12 και 11:3) (προς Α' Τιμόθεον 4:5)
(προς Β' Τιμόθεο 2:9 και 3:16-17) (Α' Πέτρου 1:23)
(Αποκάλυψη Ιωάννου 19:13)

Ο ΥΙΟΣ ΤΟΥ ΘΕΟΥ
ΙΗΣΟΥΣ ΧΡΙΣΤΟΣ

40. Ο Θεος Μιλαει Μεσω του Υιου του, Ιησου Χριστου

Τον Θεό κατά κανόνα δεν τον βλέπουμε, ούτε και τον ακούμε. Αυτό όμως δεν σημαίνει ότι ο Θεός δεν μίλησε ή δεν φανέρωσε τον εαυτό του ποτέ. Υπάρχουν άφθονες αφηγήσεις στη Γραφή σχετικά με συναντήσεις μεταξύ Θεού κα. ανθρώπων, οι οποίες δείχνουν ποιος είναι ο Θεός, πως σκέφτεται, και τι σκοπούς έχει.

Προφανώς δεν ανήκουμε σ' αυτούς τους αξιοζήλευτους ανθρώπους που είχαν άμεση επαφή με τον Θεό. Αυτό δεν σημαίνει όμως ότι εμείς οι υπόλοιποι πρέπει να είμαστε σε άγνοια σχετικά με τη φύση του Θεού και τα όσα Αυτός θέλει να μας πει. Γιατί ο Θεός δεν μίλησε μόνο διαμέσου ανθρώπων και προφητών, αλλά και διαμέσου του Ιησού Χριστού, του Υιού του.

Ο Χριστός μάς αποκάλυψε τον Θεό, τον έφερε κοντά μας. Τα λόγια του Χριστού πηγάζουν από τη βαθιά κοινωνία και ενότητα που έχει με τον Θεό Πατέρα του. Και χάρη στους μαθητές του Χριστού και στους συνεργάτες τους, που έγραψαν αυτά τα λόγια, έχουμε εμείς σήμερα το προνόμιο να μπορούμε να τα διαβάζουμε ανά πάσα στιγμή, στα Ευαγγέλια, στην Καινή Διαθήκη. Αν το κάνουμε αυτό, θα διαπιστώσουμε γρήγορα ότι αυτά δεν είναι ανθρώπινα λόγια. Τα λόγια του Ιησού Χριστού αγγίζουν την καρδιά μας, προκαλούν τον νου μας, και μας κάνουν να αναθεωρήσουμε, το πώς βλέπουμε και το πως σκεφτόμαστε.

Μα πάνω απ' όλα, τα λόγια του Χριστού έχουν τη δύναμη να θεραπεύουν και να φέρουν βαθιά αλλαγή και ανακαίνιση. Γιατί αυτά τα λόγια προέρχονται από την καρδιά του Θεού, ο οποίος γνωρίζει τα βάθη της δικιάς μας καρδιάς. Είναι λόγια από καρδιά σε καρδιά!

Με πολλούς και διάφορους τρόπους μίλησε ο Θεός παλιά στους πατέρες μέσω των προφητών. Σ' αυτές τις τελευταίες μέρες μάς μίλησε μέσω του Υιού, τον οποίο έκανε κληρονόμο των πάντων, διαμέσου του οποίου δημιούργησε τους αιώνες. Αυτός είναι το απαύγασμα της δόξας και ο χαρακτήρας της υπόστασής Του, και βαστάζει τα πάντα με τον λόγο της δύναμής Του. Κι αφού έκανε καθαρισμό των αμαρτιών, κάθισε στα δεξιά τής Μεγαλοσύνης στα υψηλά.

(προς Εβραίους 1:1-2)

Αν κάποιος με αγαπάει, θα φυλάξει τον λόγο μου, και ο Πατέρας μου θα τον αγαπήσει, και θα έρθουμε σ' αυτόν, και θα κάνουμε κατοικία μέσα σ' αυτόν.
Και ο λόγος που ακούτε, δεν είναι δικός μου, αλλά του Πατέρα που με απέστειλε.

(Ιησούς Χριστός, κατά Ιωάννην 14:21 και 23)

(κατά Λουκάν 6:47-48)
(κατά Ιωάννην 3:34 και 7:16 και 8:28 και 14:9-10)

41. Ο ΘΕΟΣ ΕΙΝΑΙ Η ΠΡΟΕΛΕΥΣΗ, Η ΟΔΟΣ, ΚΑΙ Ο ΠΡΟΟΡΙΣΜΟΣ ΜΑΣ

Ο Θεός Πατέρας είναι η αρχή και το τέλος μας, η αιτία και ο σκοπός της ύπαρξής μας. Ο Κύριος Ιησούς Χριστός, ο Υιός του Θεού, είναι η οδός που μας φέρνει στον Θεό, στον στόχο μας. Έτσι όλα περιλαμβάνονται μέσα στον Θεό. Εξ Αυτού, διαμέσου Αυτού, και προς Αυτόν είναι τα πάντα. Είναι Αυτός η προέλευση, η οδός και ο προορισμός μας.

Λίγο πιο συγκεκριμένα: Ο Θεός είναι η αρχή μας, ο λόγος που υπάρχουμε. Θέλησε τον άνθρωπο, για αυτό και μας έφερε στην ύπαρξη. Προερχόμαστε από Αυτόν με σκοπό να πάμε σε Αυτόν.

Από την αρχή της δημιουργίας του σύμπαντος ο Υιός του Θεού συμμετείχε ενεργά, και με τη θεϊκή του δύναμη ολοκλήρωσε το σχέδιο δημιουργίας του Θεού Πατέρα. Μέσω του Υιού του, του Λόγου του, ο Θεός δημιούργησε τα πάντα. Κι εμάς. Με σκοπό να έχουμε κοινωνία μ' Αυτόν και να περάσουμε την αιωνιότητα μαζί του.

Και είναι ο Υιός, ο Ιησούς Χριστός, ο μοναδικός δρόμος που οδηγεί στον Πατέρα Θεό. Είναι η γέφυρα που συνδέει εμάς τους ανθρώπους με τον Αιώνιο. Η μετάβαση μας και η διάβασή μας από την παροδικότητα στην αιωνιότητα.

*Σε μας είναι ένας Θεός, ο Πατέρας, από τον οποίο προέρχονται
τα πάντα, και εμείς σ' Αυτόν υπάρχουμε, και ένας Κύριος,
ο Ιησούς Χριστός, διαμέσου του οποίου έγιναν τα πάντα,
και εμείς διαμέσου Αυτού..*

(προς Α' Κορινθίους 8:6)

(κατά Ιωάννην 1:3 και 14:6 και 17:21-23)
(προς Ρωμαίους 11:36) (προς Κολοσσαείς 1:16-17)

42. Η ΦΥΣΗ ΚΑΙ Η ΔΟΞΑ ΤΟΥ ΘΕΟΥ ΑΠΟΚΑΛΥΠΤΟΝΤΑΙ ΣΤΟΝ ΙΗΣΟΥ

Ο Θεός όρισε τον Υιό του, Ιησού Χριστό, κληρονόμο των πάντων. Όλα ανήκουν σ' Αυτόν! Διαβάζουμε στην προς Εβραίους επιστολή, στην Καινή Διαθήκη, ότι ο Χριστός έχει πολύ υψηλότερη θέση από τους αγγέλους. Αλλά όχι μόνο αυτό. Διαβάζουμε επίσης ότι ο θρόνος του είναι εις τον αιώνα του αιώνος, ότι Αυτός θεμελίωσε τη γη, και ότι οι ουρανοί είναι έργο των χεριών του. Όλα παρέρχονται, αλλά Εκείνος παραμένει και είναι πάντα ο ίδιος. Τα χρόνια του δεν θα εκλείψουν ποτέ.

Μα δεν ισχύουν αυτά για τον Θεό μόνο; Δεν είναι αυτές οι ιδιότητες του Θεού; Και δεν είναι εκπληκτικό ότι οι ιδιότητες του Θεού είναι επίσης ιδιότητες του Ιησού Χριστού;

Ναι, ο Θεός Πατέρας και ο Υιός Του, ο Ιησούς Χριστός, αποτελούν μια τέλεια ενότητα. Οι σκέψεις, τα συναισθήματα, και οι πράξεις του Θεού, όλα όσα τον χαρακτηρίζουν, αναπαύονται και φανερώνονται στο πρόσωπο του Ιησού Χριστού! Ο οποίος ακτινοβολεί την δόξα και την φύση του Θεού. Μέσω του Υιού του φανερώνει σε μας ο Θεός Πατέρας τον εαυτό του, κα. έρχεται κοντά μας. Αν θέλουμε να γνωρίσουμε τον Θεό, τότε θα πρέπει να κοιτάζουμε τον Χριστό, γιατί Αυτός είναι η ορατή εικόνα του αόρατου Θεού.

Ο Υιός είναι η τέλεια αντανάκλαση της δόξας του Θεού
και η εικόνα της φύσης Του.
Βαστάει τα πάντα με τον λόγο της δύναμής Του.
Και αφού έκανε καθαρισμό των αμαρτιών,
κάθισε στα δεξιά της Μεγαλοσύνης στα ύψη.

(προς Εβραίους 1:3)

(κατά Ιωάννην 14:9-10) (προς Β' Κορινθίους 4:4-6)
(προς Γαλάτας 4:4) (προς Κολοσσαείς 1:15-19 και 2:9)
(προς Εβραίους 1:1-12 και 2:10)

43. Ο ΙΗΣΟΥΣ ΧΡΙΣΤΟΣ, Ο ΥΙΟΣ ΤΟΥ ΘΕΟΥ, ΛΕΕΙ: ΕΓΩ ΚΑΙ Ο ΠΑΤΕΡΑΣ ΕΙΜΑΣΤΕ ΕΝΑ

Μόνο τρία χρόνια έδρασε και δίδαξε ο Ιησούς Χριστός σε αυτόν τον κόσμο, αλλά μέσα σε αυτό το σχετικά σύντομο χρονικό διάστημα είπε και έκανε εκπληκτικά πράγματα. Μερικά από τα λόγια του ήταν αρκετά τολμηρά και ανάλογες ήταν και κάποιες αντιδράσεις. Λόγια όπως: *«Εγώ και ο Πατέρας είμαστε ένα»*, και *«όποιος βλέπει εμένα, βλέπει τον Πατέρα»*.

Πολλοί πιθανόν να έχουν δυσκολίες με τέτοιες δηλώσεις, όμως αυτές προέρχονται από το στόμα του ίδιου του Ιησού Χριστού. Και ότι είναι αληθινές, το απέδειξε ο Χριστός με την ανάστασή του. Ο Θεός ο ίδιος επιβεβαίωσε τα λόγια του Χριστού, καθώς τον ανέστησε, ακριβώς όπως το είχε προαναγγείλει ο Χριστός.

Για την ανάσταση του Χριστού υπάρχουν πολλές ενδείξεις που αγγίζουν το επίπεδο της απόδειξης, αν προσεγγίσουμε το θέμα με ανοιχτό μυαλό και χωρίς προκαταλήψεις. Γι' αυτό, έχουμε σοβαρούς λόγους να εμπιστευτούμε τα λόγια τα λόγια του Χριστού όταν λέει, ότι Αυτός και ο Πατέρας είναι ένα, και ότι μέσω Εκείνου, βλέπουμε τον ίδιο τον Πατέρα.

Τι μαθαίνουμε λοιπόν για τον Θεό Πατέρα όταν βλέπουμε τον Ιησού Χριστό; Ο Χριστός έκανε ορισμένες δηλώσεις για τον εαυτό του που αρχίζουν με τα λόγια *«Εγώ Είμαι...»*. Αυτές οι δηλώσεις αφορούν μεν τον Ιησού, τον Υιό του Θεού, αλλά φανερώνουν επίσης πολλά και για τον Θεό Πατέρα. Μαθαίνουμε και για τον Θεό, ότι Αυτός ικανοποιεί την πείνα και τη δίψα μας και γεμίζει τη ζωή μας και την καρδιά μας με φως και ζεστασιά. Ότι είναι η Αλήθεια και η αληθινή Ζωή, ο Τόπος που ανήκουμε, ο Σκοπός της ύπαρξής μας, ο Δωρητής της Αιώνιας Ζωής.

Ο Θεός είναι Εκείνος με τον οποίο αξίζει περισσότερο από κάθε άλλον να έχουμε μια βαθιά και αληθινή σχέση. Δεν υπάρχει ασφαλέστερο και καλύτερο μέρος για εμάς από το να βρισκόμαστε μέσα στα χέρια της στοργικής του φροντίδας.

Ο Ιησούς Χριστός μάς δείχνει ποιος είναι ο Θεός. Μπορούμε να εμπιστευτούμε τα λόγια του, γιατί κανείς δεν γνωρίζει τον Θεό καλύτερα από τον μονογενή Υιό του Θεού, που ήρθε από τον Θεό. Μπορούμε να τον εμπιστευτούμε ολοκληρωτικά και να τον αφήσουμε να μας οδηγήσει στον δρόμο προς τον Πατέρα.

Ο ίδιος λέει:

Κανείς δεν είδε τον Πατέρα, παρά μονάχα εκείνος που είναι από τον Θεό, αυτός είδε τον Πατέρα.
Εγώ και ο Πατέρας είμαστε ένα.
Αν γνωρίσατε εμένα, θα γνωρίσετε και τον Πατέρα μου.
Όποιος είδε εμένα, είδε τον Πατέρα. Εγώ είμαι μέσα στον Πατέρα και ο Πατέρας είναι μέσα σε μένα.

(Ιησούς Χριστός, κατά Ιωάννην 6:46 και 10:30 και 14:7-10)

(κατά Ιωάννην 6:35 και 8:12 και 10:9-11)
(κατά Ιωάννην 11:25 και 15:1 και 16:28)

94

44. Ο ΙΗΣΟΥΣ ΧΡΙΣΤΟΣ, Ο ΥΙΟΣ ΤΟΥ ΘΕΟΥ, ΛΕΕΙ: ΕΓΩ ΕΙΜΑΙ Ο ΑΡΤΟΣ ΤΗΣ ΖΩΗΣ

Ποτέ πια πείνα, ποτέ πια δίψα! Ακούγεται σαν ένα μαγικό χάπι που ίσως θα έλυνε πολλά από τα προβλήματα του κόσμου. Αλλά ο Χριστός εννοεί κάτι διαφορετικό όταν λέει «Εγώ είμαι ο άρτος της ζωής». Μιλάει για την εσωτερική πείνα, την εσωτερική δίψα που εμείς οι άνθρωποι προσπαθούμε να σβήσουμε.

Ο κόσμος μάς παρέχει πολλές «λιχουδιές». Αλλά τίποτα και κανείς δεν μπορεί να καλύψει πλήρως το κενό μέσα μας, μόνο ο Θεός ο ίδιος. Αυτός είναι που μας λείπει. Αυτός είναι που νοσταλγούμε και ψάχνουμε. Και είναι Αυτός που όχι μόνο μας γεμίζει πλήρως, αλλά μας κάνει και τους ίδιους πηγές νερού. Πηγές από τις οποίες άλλοι άνθρωποι μπορούν να πιούν το νερό του Θεού που δίνει ζωή.

Εγώ Είμαι ο άρτος της ζωής.
Όποιος έρθει σ' εμένα δεν θα πεινάσει,
και όποιος πιστεύει σ' εμένα δεν θα διψάσει ξανά ποτέ.

(Ιησούς Χριστός, κατά Ιωάννην 6:35)

Όλοι όσοι διψάτε, ελάτε στα νερά! Και όσοι δεν έχετε ασήμι,
ελάτε, αγοράστε, και φάτε! Ναι, ελάτε, αγοράστε κρασί και
γάλα δωρεάν, χωρίς ασήμι! Γιατί ξοδεύετε χρήματα και
κοπιάζετε για αυτά που δεν χορταίνουν; Ακούστε Εμένα και
θα φάτε καλό, και η ψυχή σας θα ευφρανθεί υπερβολικά!
Κλίνετε το αυτί σας, και ελάτε σ' Εμένα, ακούστε και η ψυχή
σας θα ζήσει! Και θα κάνω μαζί σας μια αιώνια διαθήκη!

(Ησαΐας 55:1-3)

Ο άνθρωπος δεν ζει μόνο με ψωμί,
αλλά με κάθε λόγο που βγαίνει από το στόμα του Κυρίου.

(Έξοδος 8:3)

 (κατά Ιωάννην 4:13-14 και 6:33 και 6:51)

45. Ο ΙΗΣΟΥΣ ΧΡΙΣΤΟΣ, Ο ΥΙΟΣ ΤΟΥ ΘΕΟΥ, ΛΕΕΙ: ΕΓΩ ΕΙΜΑΙ ΤΟ ΦΩΣ ΤΟΥ ΚΟΣΜΟΥ

Το να ψάχνει κανείς στο σκοτάδι, είτε κυριολεκτικά είτε μεταφορικά, είναι δύσκολο και γεμάτο εμπόδια. Στραβοπατάμε, παραπατάμε, πέφτουμε, χτυπάμε, αναζητούμε και δεν βρίσκουμε. Ποιος θέλει να ζει έτσι; Όταν όμως υπάρχει φως, τότε μπορούμε να κινούμαστε με σιγουριά και ασφάλεια.

Ανάλογα συμβαίνει και με τη ζωή μας σε αυτόν τον κόσμο. Συχνά ψαχνόμαστε στο σκοτάδι, σκοντάφτουμε, πέφτουμε, χτυπάμε και πονάμε. Σηκωνόμαστε και προσπαθούμε ξανά, αλλά συχνά θα πέσουμε, γιατί πολλές φορές βαδίζουμε στο σκοτάδι.

Ωστόσο, αυτή δεν είναι η φυσιολογική κατάσταση, ούτε θα έπρεπε να είναι. Ο προορισμός μας είναι να είμαστε παιδιά του φωτός, να ζούμε πάντοτε μέσα στο φως, ακόμα κι αν ο κόσμος γύρω μας παραμένει σκοτεινός.

Ο Ιησούς Χριστός, ο Υιός του Θεού, λέει ότι είναι το φως του κόσμου. Όποιος ακολουθεί τον Χριστό περπατά μες στο φως, ναι, πολύ περισσότερο, έχει το φως. Το φως διώχνει το σκοτάδι και δίνει προσανατολισμό. Το φως ζεσταίνει το σώμα και την ψυχή. Σίγουρα, το φως αποκαλύπτει και δυσάρεστα πράγματα, αλλά ταυτόχρονα δίνει και ευκαιρία για αλλαγή και ανακαίνιση. Για το φως δεν υπάρχει υποκατάστατο. Ο Ιησούς Χριστός είναι το αληθινό φως!

Εγώ Είμαι το φως του κόσμου.
Όποιος ακολουθεί Εμένα δεν θα περπατήσει στο σκοτάδι,
αλλά θα έχει το φως της ζωής.

(κατά Ιωάννην 8:12)

Δεν θα υπάρχει πια νύχτα εκεί και δεν χρειάζονται πια λύχνο
ούτε φως του ήλιου. Γιατί ο Κύριος ο Θεός τους φωτίζει
και θα βασιλεύσουν στους αιώνες των αιώνων.

(Αποκάλυψη Ιωάννου 22:5)

 (Ψαλμός 36:9) (κατά Ιωάννην 1:9 και 8:12 και 9:5 και 12:46)
(Α' Ιωάννου 1:5) (Αποκάλυψη Ιωάννου 21:21-23)

46. Ο ΙΗΣΟΥΣ ΧΡΙΣΤΟΣ, Ο ΥΙΟΣ ΤΟΥ ΘΕΟΥ, ΛΕΕΙ: ΕΓΩ ΕΙΜΑΙ Η ΘΥΡΑ

Στη ζωή μας περνάμε από πολλές πόρτες. Κάποιες μας οδηγούν σε καλά μέρη, κάποιες άλλες σε σκοτεινά και επικίνδυνα. Ωστόσο, αυτό που χρειαζόμαστε περισσότερο είναι να βρούμε εκείνη την πόρτα που θα μας οδηγήσει σε έναν τόπο όμορφο και ασφαλή, που θα μπορέσουμε να αποκαλέσουμε «σπίτι μας».

Ο Χριστός είναι η πόρτα που μας οδηγεί σ' αυτόν τον τόπο. Αν περάσουμε από αυτήν την πόρτα, θα φτάσουμε στο «σπίτι» μας, στον τόπο που ανήκουμε, στον προορισμό μας. Ο Ιησούς Χριστός είπε: «Εγώ Είμαι η θύρα» και χρησιμοποίησε την εικόνα των προβάτων που εμπιστεύονται τον καλό τους ποιμένα. Τον ακολουθούν καθώς Αυτός τα περνά από τη γνώριμη πόρτα και τα οδηγεί σ' ένα καταπράσινο λιβάδι. Εκεί είναι χαρούμενα και ευτυχισμένα.

Αυτή η θύρα είναι ανοιχτή και για μας. Το να περάσουμε μέσα από αυτήν σημαίνει να εμπιστευτούμε και αναθέσουμε τη ζωή μας στον Χριστό. Να προσέχουμε αυτά που θέλει να μας διδάξει. Να τον αφήνουμε να μας ανακαινίζει εσωτερικά, ώστε να σκεφτόμαστε και να συμπεριφερόμαστε όπως Αυτός, όλο και περισσότερο. Ακόμα κι αν αυτό πάει κόντρα στη ροή του κόσμου.

Ίσως ο δρόμος προς τον Χριστό και με τον Χριστό να φαίνεται θλιμμένος και η πύλη στενή. Αλλά είναι αυτός ο δρόμος που πρέπει να πάρουμε, και είναι αυτή η πύλη που πρέπει να περάσουμε. Ας εμπιστευτούμε τον καλό ποιμένα, γιατί από την άλλη μεριά μας περιμένει ο όμορφος τόπος, όπου η ψυχή μας θα βρει το αιώνιο σπίτι της.

Εγώ Είμαι η θύρα.
Όποιος εισέλθει μέσα από Εμένα, θα σωθεί.

(Ιησούς Χριστός, κατά Ιωάννην 10:9)

Μπείτε μέσα από τη στενή πύλη, διότι πλατιά είναι η πύλη,
και ευρύχωρη η οδός που πηγαίνει στην απώλεια,
και πολλοί είναι αυτοί που μπαίνουν μέσα απ' αυτή.
Γιατί είναι στενή η πύλη και θλιμμένη η οδός που πηγαίνει
στη ζωή, και λίγοι είναι αυτοί που τη βρίσκουν.

(Ιησούς Χριστός, κατά Ματθαίον 7:13-14)

(κατά Ματθαίον24:13) (κατά Λουκάν 9:23)
(προς Α' Κορινθίους 9:24-27) (προς Β' Τιμόθεον 4:7-8)

47. Ο ΙΗΣΟΥΣ ΧΡΙΣΤΟΣ, Ο ΥΙΟΣ ΤΟΥ ΘΕΟΥ, ΛΕΕΙ: ΕΓΩ ΕΙΜΑΙ Ο ΚΑΛΟΣ ΠΟΙΜΕΝΑΣ

Ποιμένες, άνθρωποι που θέλουν να είναι ηγεμόνες, υπήρξαν πολλοί και θα είναι υπάρξουν πολλοί. Αλλά πολύ λίγοι από αυτούς αξίζουν αφοσίωση και υποστήριξη. Όλοι αυτοί επιδιώκουν το να είναι ποιμένες. Είναι όμως και καλοί ποιμένες;

Ένας καλός ποιμένας δεν ενεργεί από ματαιοδοξία, έπαρση ή αλαζονεία. Δεν τον ενδιαφέρει η καύχηση και η επίδειξη. Ο καλός ποιμένας έχει άλλα κίνητρα. Γνωρίζει ότι έχει ένα άκρως σημαντικό λειτούργημα. Ο ρόλος του δεν είναι να υπηρετηθεί, αλλά να υπηρετήσει. Έχει πάντα τον στόχο μπροστά του και δεν χάνει ποτέ από τα μάτια του τους υπηκόους του. Ένας καλός ποιμένας είναι αφοσιωμένος στα πρόβατά του.

Ο Χριστός είναι ο καλός ποιμένας. Η αφοσίωσή του έφτασε μέχρι που έδωσε την ίδια τη ζωή του, για να μας σώσει και να μας φέρει με ασφάλεια στον προορισμό μας.

> *Εγώ Είμαι ο καλός ποιμένας. Ο καλός ποιμένας δίνει και τη ζωή του για χάρη των προβάτων.*
>
> *(Ιησούς Χριστός, κατά Ιωάννην 10:11)*

 (κατά Λουκάν 15:3-6) (κατά Ιωάννην 10:11-14)

48. Ο ΙΗΣΟΥΣ ΧΡΙΣΤΟΣ, Ο ΥΙΟΣ ΤΟΥ ΘΕΟΥ, ΛΕΕΙ: ΕΓΩ ΕΙΜΑΙ Η ΑΝΑΣΤΑΣΗ ΚΑΙ Η ΖΩΗ

Πολλοί άνθρωποι θα ήθελαν να ζήσουν για πάντα. Γίνονται πολλές προσπάθειες για την παράταση της ζωής, αλλά κάποια στιγμή θα έρθει το αναπόφευκτο.

Υπήρξαν πολλοί άνθρωποι στην ιστορία που στη διάρκεια της ζωής τους άφησαν μεγάλη κληρονομιά γνώσης και διορατικότητας στον κόσμο. Άλλοι αφιέρωσαν τη ζωή τους στο να κάνουν καλό και έγιναν σημαντικό παράδειγμα προς μίμηση. Παρόλα αυτά, ο χρόνος τους σε αυτή τη γη ήταν περιορισμένος, κάποτε τελείωσε. Τα ονόματά αυτών των σπουδαίων ανθρώπων ίσως να μην ξεχαστούν ποτέ, αλλά οι ίδιοι δεν είναι πια σ' αυτόν τον κόσμο για να το ζήσουν. Η παντοτινή ζωή είναι κάτι τελείως διαφορετικό από μια ανάμνηση, όσο πολύ κι αν διαρκέσει αυτή. Τι είναι λοιπόν αιώνια Ζωή; Υπάρχει νίκη κατά του θανάτου;

Ναι, υπάρχει, γιατί ο Χριστός είναι Κύριος ακόμη και του θανάτου. Όταν Αυτός διακηρύττει, «όποιος πιστεύει σε εμένα έχει αιώνια ζωή» εννοεί τη ζωή στην πιο αγνή και τέλεια μορφή της, που μόνο ο Θεός μπορεί να χαρίσει, όπως ακριβώς το είχε σχεδιάσει από την αρχή. Μια ζωή γεμάτη χαρά, ευτυχία και αρμονία που διαρκεί για πάντα.

Η ανάσταση εκ νεκρών υπάρχει πραγματικά, και όποιος εμπιστεύεται και τιμά τον Χριστό στη ζωή του, αυτός μπορεί να είναι σίγουρος ότι το Μετά αυτής της ζωής είναι το Πριν της ζωής που δεν τελειώνει ποτέ.

Εγώ Είμαι η ανάσταση και η ζωή!
Όποιος πιστεύει σε μένα, και αν πεθάνει, θα ζήσει.
Και καθένας που ζει και πιστεύει σε μένα, δεν θα πεθάνει στον
αιώνα. Θάνατε που είναι το κεντρί σου;

(Ιησούς Χριστός, κατά Ιωάννην 11:25-26)

Ο θάνατος καταβροχθίστηκε από τη νίκη.
Θάνατε που είναι η νίκη σου;
Θάνατε που είναι το κεντρί σου;

(προς Α' Κορινθίους 15:54-55)

(κατά Ιωάννην 1:4 και 3:16 και 3:33 και 5:24-26)
(κατά Ιωάννην 6:40 και 10:_0 και 20:31)
(προς Ρωμαίους 5:21 και 6:8 και 6:23)
(προς Α' Θεσσαλονικείς 5:9) (προς Α' Τιμόθεον 4:8)
(Α' Ιωάννου 5:12-13) (Αποκάλυψη Ιωάννου 1:18)

49. Ο Ιησούς Χριστός, ο Υιός του Θεού, λέει: Εγώ Είμαι η Οδός, η Αλήθεια και η Ζωή

Ο Χριστός δεν είναι ένας οποιοσδήποτε δρόμος, μια κάποια οδός. Είναι η σωστή οδός, η οδός που μας φέρνει, στον προορισμό μας, στην αιώνια ζωή.

Ο Χριστός δεν είναι κάποια από τις πολλές και διάφορες «αλήθειες». Είναι η αλήθεια που μας απαλλάσσει από φόβους και πιέσεις, όπως επίσης κι από τα ψέματα που πιστεύαμε για πολύ καιρό. Ο Χριστός είναι η αλήθεια που μας δίνει τη δύναμη να παραμείνουμε στον σωστό δρόμο, ακόμα κι αν αυτός είναι στενός. Η αλήθεια που μας σώζει και μας φέρνει στον προορισμό μας.

Και δεν είναι ο Χριστός μια οποιαδήποτε ζωή. Είναι η άφθαρτη, άπειρη και τέλεια ζωή. Η πλήρης ζωή εν αφθονία. Η ζωή μέσα στο αληθινό φως.

Αν ρωτάμε για τον σωστό δρόμο, για σωστό προσανατολισμό, για απελευθέρωση, ανακαίνιση και αληθινή ζωή, τότε υπάρχει μόνο μία απάντηση: Ιησούς Χριστός.

Εγώ Είμαι η οδός και η αλήθεια και η ζωή.
Κανείς δεν έρχεται στον Πατέρα παρά μόνο μέσω εμού.

(Ιησούς Χριστός, κατά Ιωάννην 14:6)

Αν τηρείτε τον λόγο μου, τότε είστε πραγματικά μαθητές μου.
Και θα μάθετε την αλήθεια και η αλήθεια θα σας ελευθερώσει.

(Ιησούς Χριστός, κατά Ιωάννην 8:31-32)

 (κατά Ματθαίον 7:14) (κατά Ιωάννην 8:32 και 10:10)

50. Ο ΙΗΣΟΥΣ ΧΡΙΣΤΟΣ, Ο ΥΙΟΣ ΤΟΥ ΘΕΟΥ, ΛΕΕΙ: ΕΓΩ ΕΙΜΑΙ Η ΑΜΠΕΛΟΣ Η ΑΛΗΘΙΝΗ

Με τι είμαστε πραγματικά δεμένοι; Όχι με την έννοια ότι είμαστε δεμένοι με την οικογένειά μας, τα παιδιά μας, τη δουλειά ή τα ενδιαφέροντά μας, ή με κάποιο αγαπημένο αντικείμενο. Αλλά, πιο βαθιά, με τι, ή καλύτερα, με ποιον, είμαστε σταθερά «συνδεδεμένοι»;

Όποιος έχει ζήσει την εποχή του τρύγου σε έναν αμπελώνα, έχει κρατήσει στα χέρια του τα ζουμερά σταφύλια και έχει γευτεί τον γλυκό χυμό τους, αυτός ξέρει το μοναδικό συναίσθημα που δίνει αυτή η εμπειρία. Όμως μόνο μία υγιής και δυνατή άμπελος μπορεί να παράγει καλά κλήματα. Και μόνο τα κλήματα, τα κλαδιά που μένουν γερά ενωμένα με την άμπελο, μπορούν να φέρουν καλό καρπό.

Ο Χριστός είναι η μοναδική αληθινή άμπελος. Εμείς είμαστε τα κλήματα. Πάντα είμαστε τα κλήματα! Το ερώτημα είναι: Με τι, με ποιον είμαστε γερά ενωμένοι, σταθερά συνδεδεμένοι; Με τον Χριστό ή με άλλες «αμπέλους»; Μπορούμε να διαλέξουμε τον Χριστό να καθοδηγήσει τη ζωή μας, να αφήσουμε τον δικό του «χυμό» να ρέει μέσα μας, ώστε να φέρουμε πραγματικά καλό καρπό. Ή, μπορούμε να ακολουθήσουμε ανθρώπινες σοφίες και ιδέες και να ενωθούμε με «ψεύτικες αμπέλους». Και σ' αυτές μεγαλώνουν κλήματα. Όμως καλούς καρπούς αυτά δεν φέρουν...

Εμείς τι κλήματα θέλουμε να είμαστε;

Εγώ Είμαι η άμπελος η αληθινή, και ο Πατέρας μου είναι ο γεωργός. Κάθε κλήμα που δεν φέρνει καρπό, το αποκόπτει, και καθένα που φέρνει καρπό, το καθαρίζει, για να φέρει περισσότερο καρπό.

(Ιησούς Χριστός, κατά Ιωάννην 15:1-2).

Μείνετε ενωμένοι με εμένα και εγώ με εσάς. Όπως το κλήμα δεν μπορεί να φέρει από μόνο του καρπό, αν δεν μείνει ενωμένο με την άμπελο, έτσι ούτε και εσείς, αν δεν μείνετε ενωμένοι μαζί μου.

Εγώ είμαι η άμπελος, εσείς τα κλήματα.
Όποιος μένει ενωμένος μαζί μου, και εγώ μαζί του, φέρνει καρπό πολύ, διότι χωρίς εμένα δεν μπορείτε να κάνετε τίποτε.

(Ιησούς Χριστός, κατά Ιωάννην 15:4-5)

 (κατά Ιωάννην 8:31-32) (Α΄ Ιωάννου 2:6)

Η ΠΡΟΣΚΛΗΣΗ
ΤΟΥ ΘΕΟΥ

51. Η ΔΙΚΑΙΟΣΥΝΗ ΚΑΙ Η ΧΑΡΗ ΤΟΥ ΘΕΟΥ ΣΥΝΑΝΤΙΟΥΝΤΑΙ ΣΤΟΝ ΙΗΣΟΥ ΧΡΙΣΤΟ

Η δικαιοσύνη του Θεού είναι στενά συνδεδεμένη με τη χάρη και το έλεος. Δεν πρόκειται για μια τυφλή δικαιοσύνη που αδιαφορεί για τα παραπτώματα και την αδικία. Αντίθετα, είναι μια δικαιοσύνη που βλέπει την αμαρτία, αλλά συγχωρεί όταν αναγνωρίσουμε την ανάγκη για εσωτερική αλλαγή και είμαστε έτοιμοι να στραφούμε μακριά από το κακό. Ο Θεός μας δίνει την ευκαιρία για μια νέα αρχή.

Για να μπορέσουμε καταλάβουμε όμως γιατί γίνεται λόγος για *αμαρτία, δικαιοσύνη, συγχώρεση, χάρη και μια νέα αρχή*, πρέπει να ρίξουμε μια ματιά στο παρελθόν.

Όλα ξεκίνησαν στην αρχή της ύπαρξής μας, όταν οι πρώτοι άνθρωποι δεν εμπιστεύτηκαν τον Θεό, τον δημιουργό τους και χορηγό της ζωής τους, αλλά έδρασαν εναντίον της εντολής του. Ο άνθρωπος έπεσε σε μια παγίδα που τον έκανε να «αλλάξει στρατόπεδο». Η ανυπακοή του ανθρώπου επέτρεψε στη δύναμη της αμαρτίας και του κακού να ασκήσει επιρροή στις σκέψεις μας και στις πράξεις μας. Αυτό επηρεάζει ολόκληρη η ζωή μας αρνητικά και έτσι συνεχίζουμε να πέφτουμε όλο και πιο βαθιά. Παντού βλέπουμε τις καταστρεπτικές συνέπειες. Και το φορτίο της ενοχής μας όλο και μεγαλώνει.

Για να εξαλείψει αυτή την ενοχή, αλλά και να καταστρέψει τη δύναμη της αμαρτίας, ο Θεός έστειλε σε μας τον Υιό του, Ιησού Χριστό. Με τον θάνατο και την ανάστασή του, κατάφερε Εκείνος αυτό που εμείς οι άνθρωποι δεν θα μπορούσαμε ποτέ να καταφέρουμε: να καταστρέψει τα δεσμά της αμαρτίας, με την οποία η ανθρώπινη φύση είναι τόσο στενά συνδεδεμένη, χωρίς όμως να αφανίσει και τον αμαρτωλό, τον άνθρωπο. Να εξαλείψει την ενοχή, αλλά ταυτόχρονα να ελευθερώσει και να σώσει τον ένοχο.

Γι' αυτό είναι αλήθεια: Στον Ιησού Χριστό μονιάζουν η δικαιοσύνη και η χάρη, το έλεος του Θεού. Αυτό είναι το δυνατό θεμέλιο για να χτίσουμε ζωή μας, και αυτήν και την αιώνια!

Παράτεινε το έλεός Σου προς εκείνους που Σε γνωρίζουν, και τη δικαιοσύνη Σου προς τους ευθείς στην καρδιά.

(Ψαλμός 36:10)

(Ησαΐας 25:8) (Πράξεις Αποστόλων 3:19)
(προς Ρωμαίους 3:21-26 και 6:16 και 8:2)
(προς Κολοσσαείς 2:14) (προς Εβραίους 2:14)
(Αποκάλυψη Ιωάννου 6:8)

52. Ο ΘΕΟΣ ΔΙΝΕΙ ΜΕΣΩ ΤΟΥ ΧΡΙΣΤΟΥ ΤΗ ΖΩΗ ΚΑΙ ΚΑΤΑΡΓΕΙ ΤΗΝ ΕΞΟΥΣΙΑ ΤΟΥ ΘΑΝΑΤΟΥ

Ήταν η ανυπακοή των πρώτων ανθρώπων που έφερε την εξουσία του θανάτου σ' αυτόν τον κόσμο. Γελάστηκαν και πήραν μια μοιραία απόφαση. Έχασαν την εμπιστοσύνη τους στον Θεό και αποφάσισαν να πάρουν οι ίδιοι τη ζωή τους στα χέρια τους. Οι πρώτοι άνθρωποι έκαναν την αρχή, και οι απόγονοί τους συνεχίζουν μέχρι και σήμερα. Πόνος, ανάγκη, αδικία, δυστυχία και χάος είναι τα αποτελέσματα.

Όμως, ο Θεός έχει τον τελευταίο λόγο. Η απάντησή του στην αποτυχία του ανθρώπου είναι ο Ιησούς Χριστός. Ο θάνατος και η ανάστασή του Χριστού σημαίνουν αποκατάσταση, σημαίνουν ζωή!

Μόνο ο Ιησούς Χριστός είναι ο δρόμος προς τον Πατέρα. Επειδή έγινε Αυτός υπάκουος μέχρι θανάτου, μπορεί τώρα να βασιλέψει η ζωή. Μόνο στον Χριστό υπάρχει ζωή!

Εγώ Είμαι η οδός, η αλήθεια και η ζωή. Κανείς δεν έρχεται στον Πατέρα παρά διαμέσου εμού.

(Ιησούς Χριστός, κατά Ιωάννην 14:6)

Ο Σωτήρας μας Ιησούς Χριστός κατήργησε τον θάνατο και φώτισε τη ζωή και την αφθαρσία διαμέσου του ευαγγελίου.

(προς Β' Τιμόθεον 1:10)

(Ησαΐας 53:11) (προς Ρωμαίους 3:26 και 5:12-17)
(προς Α' Κορινθίους 15:54-57)
(προς Φιλιππησίους 1:21) (προς Κολοσσαείς 3:4)
(προς Α' Ιωάννην 1:2 και 5:12-13 και 5:18-20)

53. Η ΟΔΟΣ ΤΗΣ ΣΩΤΗΡΙΑΣ ΜΑΣ ΛΕΓΕΤΑΙ ΙΗΣΟΥΣ ΧΡΙΣΤΟΣ

Ο Ιησούς Χριστός, ο Υιός του Θεού, έγινε άνθρωπος. Ως άνθρωπος πάνω σε αυτήν τη γη, δεν αναζήτησε τη δική του ευημερία, αλλά τη δική μας. Ο ΚΥΡΙΟΣ έγινε υπηρέτης μας. Για εμάς. Από αγάπη!

Πλήρωσε το χρέος μας, έσπασε τη δύναμη της αμαρτίας και του θανάτου και άνοιξε τον δρόμο που οδηγεί στον προορισμό μας, που είναι να ζήσουμε για πάντα μαζί με τον Δημιουργό μας που μας θέλησε και μας αγάπησε από την αρχή, σε έναν κόσμο ειρήνης, αγάπης και απόλυτης αρμονίας.

Ο Ιησούς ανόρθωσε ό,τι εμείς καταστρέψαμε πριν από πολύ καιρό. Είναι Κύριος των ζωντανών και των νεκρών. Θα έρθει ξανά, το υποσχέθηκε. Τότε και η τελευταία αμφιβολία για το ποιος πραγματικά είναι Αυτός θα παρέλθει. Όλοι θα αναγνωρίσουν τον Ιησού Χριστό ως ΚΥΡΙΟ. Όλοι θα γονατίσουν μπροστά του. Θα ιδρύσει το βασίλειο του και θα κυβερνήσει με δικαιοσύνη. Η επιθυμία της καρδιάς του Θεού, να ζήσει με τους ανθρώπους του με ειρήνη και χαρά για πάντα, θα γίνει τότε πραγματικότητα.

Στον Ιησού Χριστό έχουμε την απολύτρωση διαμέσου του αίματός Του, την συγχώρεση των αμαρτιών, σύμφωνα με τον πλούτο τής χάρης Του

(προς Εφεσίους 1:7)

(Ησαΐας 53:7-10)
(κατά Ιωάννην 1:14 και 1:29 και 5:30 και 10:17-18)
(προς Ρωμαίους 14:9 και 15:3) (προς Β' Κορινθίους 5,21)
(προς Γαλάτας 1:4 και 3:1) (προς Εφεσίους 5:2)
(προς Κολοσσαείς 1:13 και 1:20 και 1:22 και 2:14)
(προς Α' Θεσσαλονικείς 5:9)
(προς Εβραίους 7:26-27 και 9:24-28 και 10:10-14 και 12:2)
(προς Α' Τιμόθεον 1:15 και 2 5-6)(προς Τίτον 3:7)
(Αποκάλυψη Ιωάννου 5:6-10 και 12:10-11)

113

54. Ο ΥΙΟΣ ΤΟΥ ΘΕΟΥ ΕΙΝΑΙ ΥΨΩΜΕΝΟΣ ΥΠΕΡΑΝΩ ΠΑΝΤΩΝ ΚΑΙ ΟΛΩΝ

Το να ανέβουν από τα χαμηλά στα ψηλά, αυτό θα το ήθελαν πολλοί. Αλλά από το ύψος να κατέβουν στο απόλυτο βάθος, γι' αυτό λίγοι είναι έτοιμοι. Όμως ακριβώς αυτό έκανε ο Υιός του Θεού, ο Ιησούς Χριστός. Άφησε εθελοντικά όλη την δόξα που είχε στον ουρανό. Αντάλλαξε τη θαυμάσια ζωή που είχε κοντά στον Θεό Πατέρα, με πόνο και στερήσεις, για να μας δώσει τη δυνατότητα να ζήσουμε κι εμείς για πάντα στην δόξα, από την οποία ο ίδιος προήλθε. Στη δόξα του Θεού, κοντά στην πηγή της ζωής και του φωτός.

Γι' αυτό και τον ύψωσε ο Θεός. Μετά από αυτήν την μοναδική και θαυμάσια πράξη υπακοής και αφιέρωσης, έδωσε ο Θεός Πατέρας στον Υιό τη θέση του Βασιλιά των βασιλέων και του Κύριου των κυρίων.

Η ανιδιοτελής αγάπη του Χριστού και το πόση αξία δίνει Αυτός στον άνθρωπο, αποδεικνύουν μοναδικά την μεγαλοσύνη του. Γιατί μόνο αυτός που είναι πραγματικά μεγάλος μπορεί να γίνει ταπεινός...

> *Ταπείνωσε τον εαυτό Του και έγινε υπάκουος μέχρι θανάτου, θανάτου δε σταυρικού. Γι' αυτό Τον υπερύψωσε ο Θεός και Του χάρισε το όνομα, υπέρ παν όνομα, ώστε στο όνομα του Ιησού να λυγίσει κάθε γόνατο, επουρανίων και επιγείων και καταχθονίων, και κάθε γλώσσα να ομολογήσει, πως ο Ιησούς Χριστός είναι Κύριος, προς δόξα του Θεού Πατέρα..*
>
> *(προς Φιλιππησίους 2,8-10)*

> *Όποιος θέλει να γίνει μεγάλος ανάμεσά σας, ας είναι υπηρέτης σας.*
>
> *(Ιησούς Χριστός, κατά Μάρκον 10:43)*

Η ανταμοιβή για την ταπείνωση και τον φόβο του Κυρίου είναι πλούτος, δόξα και ζωή.

(Παροιμίες 22:4)

(Παροιμίες 3:34 και 15:33)
(κατά Λουκάν 10:22 και 14:11)
(κατά Ιωάννην 3:35 και 5:23)
(προς Φιλιππησίους 2:3 και 2:13)
(προς Κολοσσαείς 2:10 και 2:15 και 3:1 και 3:12)
(προς Β' Θεσσαλονικείς 2:14) (προς Α' Τιμόθεον 6:15)
(προς Εβραίους 8:1) (Α' Πέτρου 5:6)
(Αποκάλυψη Ιωάννου 17:14)

55. Ο ΘΕΟΣ ΑΓΑΠΑ ΤΟΥΣ ΑΝΘΡΩΠΟΥΣ ΚΑΙ ΤΟΥΣ ΑΓΑΠΗΣΕ ΠΡΩΤΟΣ

Το να αγαπάμε αυτούς που μας δείχνουν αγάπη είναι εύκολο. Το να αγαπάμε αυτούς που μας κάνουν να νιώθουμε άβολα, ή αυτούς που μας ενοχλούν και μας εμποδίζουν, είναι κάτι εντελώς διαφορετικό. Συνήθως αποφεύγουμε τέτοιους ανθρώπους, προτιμούμε να μην έχουμε επαφή μαζί τους. Είναι ανθρώπινο και κατανοητό.

Ο Θεός όμως συμπεριφέρεται διαφορετικά. Μας αγάπησε πρώτος και θέλει να είναι κοντά μας, παρόλο που είμαστε αμαρτωλοί και γεμάτοι ελαττώματα, ενώ Αυτός είναι άγιος και τέλειος. Και παρόλη την αντίστασή που πολλές φορές φέρνουμε. Μέσω του Ιησού Χριστού έκανε ο Θεός το πρώτο βήμα, και κάνει ακόμα πολλά βήματα προς την κατεύθυνσή μας. Μέσω του Χριστού έφτιαξε ο Θεός γέφυρα πάνω από το μεγάλο χάσμα που μας χώριζε από Αυτόν εξαιτίας της αμαρτίας μας. Ο θάνατος και η ανάσταση του Χριστού έφεραν συγχώρεση και συμφιλίωση και μια καινούργια αρχή, σε όποιον ειλικρινά το ζητήσει. Απόδειξη ότι ο Θεός αγαπά όχι μόνο με λόγια, αλλά και με έργα. Με αγάπη δυνατή, με αγάπη μέχρι θανάτου!

Κανείς δεν έχει μεγαλύτερη αγάπη από αυτήν,
από του να δώσει κάποιος την ζωή του για τους φίλους του.

(Ιησούς Χριστός, κατά Ιωάννην 15:13)

Εκεί είναι η αγάπη, όχι ότι εμείς αγαπήσαμε τον Θεό, αλλά ότι
Αυτός μας αγάπησε και έστειλε τον Υιό Του εξιλασμό για τις
αμαρτίες μας.

(Α' Ιωάννου 4:10)

(κατά Ιωάννην 3:16 και 15:16) (προς Ρωμαίους 5:8)
(Α' Ιωάννου 4:9-10 και 4:19) (Α' Πέτρου 2:24)

117

56. Ο ΘΕΟΣ ΜΠΟΡΕΙ ΝΑ ΣΩΣΕΙ ΤΟΝ ΚΑΘΕΝΑ, ΠΟΥ ΠΙΣΤΕΥΕΙ

Το Ευαγγέλιο είναι η δύναμη του Θεού που σώζει κάθε άνθρωπο που πιστεύει. Έτσι είναι γραμμένο στην Επιστολή προς Ρωμαίους, κεφάλαιο 1 και εδάφιο 16. Ο Θεός μπορεί να σώσει κάθε άνθρωπο που πιστεύει, από την ενοχή και από την επιρροή της αμαρτίας, η οποία μας καταστρέφει. Αυτό είναι το Ευαγγέλιο, η καλή αγγελία.

Κάποτε ήρθε ένας πολύ πλούσιος νέος στον Ιησού. Μέσα του τον έκαιγε η ερώτηση: Τι πρέπει να κάνω για να κληρονομήσω την αιώνια ζωή; Με άλλα λόγια: Τι να κάνω για να σωθώ; Το βρίσκουμε αυτό το περιστατικό στο Ευαγγέλιο του Ματθαίου, κεφάλαιο 19. Μέσα από την απάντηση που έδωσε ο Χριστός, ο νέος διαπίστωσε με λύπη, ότι τα πλούτη του ήταν για αυτόν πιο σημαντικά, από το να ακολουθήσει τον Χριστό. Η πίστη του δεν ήταν αρκετή. Ο Χριστός δεν του ήταν αρκετός. Ο Ιησούς είπε τότε αυτά τα πολύ γνωστά λόγια: *«Είναι πιο εύκολο να περάσει μια καμήλα από την τρύπα μιας βελόνας, παρά να μπει ένας πλούσιος στη βασιλεία του Θεού.»* Ναι, τα πολλά χρήματα φέρνουν συχνά και πολλούς πειρασμούς. Αποσπούν την προσοχή, ώστε πολλοί να ασχολούνται μόνο με την επίγεια ζωή, και όχι με το μετά.

Οι μαθητές του Χριστού σοκαρίστηκαν από την απόλυτη απάντησή του. Ρώτησαν, ποιος μπορεί τότε να σωθεί; Τότε ο Χριστός τους κοίταξε και είπε: *«Για τους ανθρώπους είναι αυτό αδύνατο, αλλά για τον Θεό όλα είναι δυνατά.»* Μόνο ο Θεός μπορεί να αγγίξει και να σώσει ανθρώπους, ακόμη κι όταν ο πλούτος τους αποτελεί μεγάλο εμπόδιο.

Και τι γίνεται με τους φτωχούς ή με τη μεσαία τάξη; Είναι πιο εύκολο γι' αυτούς να μπουν στη βασιλεία του Θεού; Ας σκεφτούμε το εξής: Το να περάσει η καμήλα από την τρύπα της βελόνας, δείχνει πόσο δύσκολο είναι για τους πλούσιους ανθρώπους να σωθούν. Τι δείχνει όμως την αντίστοιχη δυσκολία για τους ανθρώπους που έχουν λίγα ή καθόλου πλούτη; Ένα προβατάκι που πρέπει να περάσει από την τρύπα της βελόνας; Ένα πουλάκι μήπως, ή ίσως ένα μικρό σκαθάρι; Ότι και να είναι, κανένα από αυτά δεν μπορεί να περάσει από την τρύπα μιας βελόνας. Δεν μπορούμε να σωθούμε μόνοι μας, είτε είμαστε πλούσιοι είτε φτωχοί, είτε σπουδαίοι είτε ασήμαντοι. Μόνο ο Θεός μπορεί να μας σώσει. Αυτός μόνος μπορεί να μας αξιώσει να μπούμε στη βασιλεία του και να μας χαρίσει την αιώνια ζωή. Είναι η χάρη του Θεού που σώζει. Είναι το χέρι του του Θεού, όχι το δικό μας. Η πίστη μας όμως παίζει έναν ουσιαστικό ρόλο! Διότι ο Θεός μπορεί να σώσει αυτόν που *πιστεύει*. Αυτό σημαίνει ότι ο Θεός αμείβει την *πίστη* μας! Αμείβει την υπομονή και την επιμονή μας, ότι συνεχίζουμε να βαδίζουμε με πιστότητα και να ακολουθούμε τις εντολές του, ακόμα κι όταν ο δρόμος μας είναι δύσκολος και ανηφορικός.

Ο Θεός λοιπόν είναι ο μόνος που μπορεί να σώσει τον κάθε άνθρωπο που πιστεύει. Και Αυτός θέλει να σωθούν όλοι οι άνθρωποι. Να σωθούν από το σκοτάδι που κυριαρχεί σε αυτόν τον κόσμο και από τις αιώνιες συνέπειές του. Αυτή ήταν η αιτία που έστειλε ο Θεός τον Υιό του, τον Ιησού Χριστό, σε εμάς. Δια μέσου του θανάτου και της ανάστασης του Χριστού, ο Θεός μας προσφέρει συγχώρεση και ελευθερία! Κάθε ένας από εμάς που αποδέχεται αυτό το δώρο, θα σωθεί. Και αυτό όχι γιατί το αξίζουμε, αλλά από χάρη. Επειδή ο Θεός μας αγαπά!

Σ' αυτό φανερώθηκε η αγάπη του θεού σε μας,
ότι έστειλε τον Υιό του τον μονογενή στον κόσμο,
για να ζήσουμε δια Αυτού.
Σε αυτό είναι η αγάπη, όχι ότι εμείς αγαπήσαμε τον Θεό,
αλλά ότι Αυτός αγάπησε εμάς καὶ έστειλε τον Υιό Του
ιλασμό για τις αμαρτίες μας.

(Α' Ιωάννου 4:9-10)

(κατά Ματθαίον 19:16-26) (προς Ρωμαίους 1:16-17 και 3:22)
(προς Β' Κορινθίους 5:18) (προς Γαλάτας 1:7 και 2:16)
(προς Εφεσίους 2:4-9) (προς Κολοσσαείς 1:14)
(προς Α' Τιμόθεον 2:4) (προς Β' Τιμόθεον 1:9)
(Α' Ιωάννου 1:9 και 4:9)

57. Ο ΥΙΟΣ ΤΟΥ ΘΕΟΥ, Ο ΙΗΣΟΥΣ ΧΡΙΣΤΟΣ, ΜΑΣ ΔΕΧΕΤΑΙ

Το να είμαστε αποδεκτοί, το να βρίσκουμε αναγνώριση, το να ανήκουμε κάπου, είναι σημαντικό για εμάς τους ανθρώπους, και για να το πετύχουμε αυτό κάνουμε πολλές προσπάθειες. Μας κοστίζει νεύρα, χρόνο, και πολλές φορές και χρήμα. Όχι σπάνια, αναγκαζόμαστε να προσποιούμαστε, ώστε να ανταποκρινόμαστε στις προσδοκίες των άλλων. Υπάρχει άραγε κάποιος τόπος όπου μπορούμε να είμαστε αυτοί που είμαστε, εκτός μέσα στο σπίτι μας και με τα παράθυρα κλειστά;

Ναι, υπάρχει ένα τέτοιο μέρος. Κοντά στον Χριστό, στην παρουσία του Θεού. Εκείνος μας γνωρίζει πλήρως, δεν μπορούμε να κρυφτούμε. Μπορούμε να πάμε σε Αυτόν όπως είμαστε, αλλά δεν χρειάζεται να μείνουμε όπως είμαστε. Κάνει καλό το να ξέρουμε ότι ο Χριστός μας δέχεται όπως είμαστε, αλλά και ότι μπορεί να φέρει αλλαγή στην καρδιά και στη ζωή μας και να μας ελευθερώσει από ότι μας βαραίνει. Ο Χριστός μας καλεί να έρθουμε σ' Αυτόν! Λέει ελάτε σ' Εμένα, και θα σας αναπαύσω! Και έχοντας αυτό στον νου μας, ας δεχόμαστε κι εμείς ο ένας τον άλλον, όπως δέχεται κι εμάς ο Χριστός. Γιατί ο δρόμος που τελικά φτάνει στον προορισμό μας μπορεί να είναι μακρύς και το φορτίο βαρύ. Όμως αν μείνουμε ενωμένοι και στηρίζουμε ο ένας τον άλλον, ο δρόμος αυτός θα μας φανεί πιο σύντομος, και το φορτίο πιο ελαφρύ.

Ελάτε σ' Εμένα όλοι οι κουρασμένοι και φορτωμένοι, και Εγώ θα σας ξεκουράσω.

(Ιησούς Χριστός, κατά Ματθαίον 11:28)

 (κατά Ιωάννην 6:37) (προς Ρωμαίους 15:7)

121

58. Ο ΘΕΟΣ ΣΕΒΕΤΑΙ ΤΗΝ ΕΛΕΥΘΕΡΙΑ ΜΑΣ ΑΚΟΜΑ ΚΑΙ ΟΤΑΝ ΤΟΝ ΑΠΟΡΡΙΠΤΟΥΜΕ

Ο Θεός μας χαρίζει την ελευθερία της επιλογής και σέβεται την απόφασή μας. Είναι αυτό ένα θαυμάσιο προνόμιο, αλλά και μια μεγάλη ευθύνη. Κατά κανόνα, ο άνθρωπος μπορεί να διακρίνει ανάμεσα στο καλό και στο κακό. Είναι ικανός να επιλέξει το σωστό, αλλά και ικανός να κλείσει συνειδητά τα μάτια του στην αλήθεια και να επιλέξει το κακό.

Όμως το να ανοίξει ο άνθρωπος την πόρτα στο κακό, προκαλεί μια μοιραία διαδικασία. Η συνείδηση, η καρδιά και ο νους χάνουν ολοένα την ικανότητα της διάκρισης. Μέχρι που ο άνθρωπος αρχίζει να συγχέει την αλήθεια με το ψέμα και έτσι γίνεται πολύ δύσκολο να αντισταθεί στο κακό. Ας αφήσουμε καλύτερα αυτόν τον κατηφορικό δρόμο, όσο είναι ακόμα δυνατόν. Ο Θεός μας βοηθά και μας δίνει μια καινούργια αρχή.

Όντως, ο Θεός σέβεται την ελευθερία μας. Μπορούμε να ανοίξουμε την καρδιά μας σε Αυτόν, ή να την κλείσουμε. Μπορούμε να εμπιστευτούμε τις καλές του προθέσεις, ή να τις αμφισβητήσουμε. Μπορούμε με τη βοήθειά του Θεού να ζήσουμε τη ζωή μας σύμφωνα με τις καλές του οδηγίες, ή να τις αγνοήσουμε. Μπροστά μας υπάρχουν δύο δρόμοι. Μόνο ο ένας οδηγεί στη αληθινή ζωή. Εμείς διαλέγουμε!

Πράττετε ως ελεύθεροι άνθρωποι, όχι σαν κάποιους που έχουν την ελευθερία σαν κάλυμμα της κακίας, αλλά ως δούλοι του Θεού.

(Α' Πέτρου 2:16)

 (προς Ρωμαίους 1:18-32) (προς Γαλάτας 5:13)
(προς Β' Θεσσαλονικείς 2:10-11) (Α' Πέτρου 2:16 και 2:19)

59. Ο ΘΕΟΣ ΜΠΟΡΕΙ ΝΑ ΝΙΩΣΕΙ ΛΥΠΗ

Υπάρχει ένα απόσπασμα στην Επιστολή προς Ρωμαίους, στο Κεφάλαιο 9 και εδάφια 2 και 3, το οποίο περιγράφει το βάρος που είχε ο Απόστολος Παύλος στην καρδιά του, και όχι άμεσα την λύπη και τον πόνο του Θεού. Αλλά, αν ήδη ο Απόστολος Παύλος, κατά τη διάρκεια της ζωής του, ένιωθε τόσο μεγάλη θλίψη και πόνο επειδή οι συνάνθρωποί του έχαναν την ευκαιρία για μια αιώνια ζωή μέσα στη δόξα του Θεού, πόσο περισσότερο πρέπει να λυπάται ο ίδιος ο Θεός όταν οι άνθρωποι του γυρνούν την πλάτη και προτιμούν να ακολουθούν τους δικούς τους δρόμους, που οδηγούν στην απώλεια;

Ο Θεός δημιούργησε τους ανθρώπους ως υπέροχα όντα, προορισμένα να ζουν αιώνια μαζί του, αλλά εκείνοι απορρίπτουν το δώρο της σωτηρίας του Θεού. Ο Παύλος γράφει πώς νιώθει και πόσο μεγάλος είναι ο πόνος του. Αν μπορούσε, θα άλλαζε ακόμη και θέση με τους συμπατριώτες του. Θα έπαιρνε αυτός την καταδίκη απάνω του, για να σωθούν αυτοί.

Αυτό που ο Παύλος θα' θελε, αλλά κανείς άνθρωπος δεν μπορούσε να το κάνει, το πραγματοποίησε ο Θεός μέσω του Υιού του Ιησού Χριστού. Η λύπη του Θεού είναι μεγάλη όταν οι άνθρωποι χάνονται, αλλά μεγάλη είναι και η δύναμή του, που φέρνει σωτηρία. Ο Ιησούς Χριστός άλλαξε θέση μαζί μας. Πήρε Αυτός την καταδίκη απάνω του, πέθανε στη θέση μας, ώστε εμείς να ζήσουμε!

> *Αυτό είναι το αίμα μου της διαθήκης,*
> *που χύνεται για πολλούς, εις άφεση αμαρτιών.*
>
> *(Ιησούς Χριστός, κατά Ματθαίον 26:28)*

 (προς Ρωμαίους 9:2-3)

124

ΤΟ ΣΧΕΔΙΟ ΤΟΥ ΘΕΟΥ

60. Ο ΘΕΟΣ ΕΙΝΑΙ ΑΓΑΘΟΣ ΑΛΛΑ ΚΑΙ ΣΥΝΕΠΗΣ

Ο Θεός θέλει να σωθούν όλοι οι άνθρωποι και να γνωρίσουν την αλήθεια. Με την αγάπη και την υπομονή του εργάζεται στη ζωή μας και θέλει να μας προσελκύσει κοντά του.

Δυστυχώς, πολλοί άνθρωποι γυρνούν την πλάτη τους στον Θεό, αγνοούν την αγάπη και την υπομονή του και επιμένουν να ακολουθούν τους δικούς τους δρόμους. Αν και ο Θεός λυπάται πολύ γι' αυτό, όλοι θα αντιμετωπίσουν τις συνέπειες της απόφασής τους.

Όσοι όμως εκζητούν τον Θεό, τον σέβονται και τον βάζουν Κύριο σε όλους τους τομείς της ζωής τους, θα ζήσουν και θα απολαύσουν την αγαθοσύνη του. Με τη βοήθεια του Θεού θα τελειώσουν τον δρόμο της ζωής τους και θα φτάσουν στον προορισμό τους, εκεί που ανήκουν. Θα ζήσουν αιώνια με τον Θεό σε έναν κόσμο γεμάτο αγάπη, ειρήνη και τελειότητα.

Δεν καθυστερεί ο Κύριος την υπόσχεσή του, αλλά μακροθυμεί σε μας, μη θέλοντας κάποιοι να χαθούν, αλλά όλοι να έρθουν σε μετάνοια.

(Β' Πέτρου 3:9)

 (Ιεζεκιήλ 18:23) (κατά Λουκάν 15:10) (προς Ρωμαίους 11:22) (προς Α' Τιμόθεον 2:4) (προς Εβραίους 3:14)

61. Ο ΘΕΟΣ ΘΑ ΦΕΡΕΙ ΤΑ ΚΡΥΦΑ ΣΤΟ ΦΩΣ ΚΑΙ ΘΑ ΑΝΤΑΜΕΙΨΕΙ ΤΟ ΕΡΓΟ ΤΟΥ ΚΑΘΕΝΟΣ

Το έργο της ζωής κάθε ανθρώπου είναι σαν ένα οικοδόμημα. Το θεμέλιο και τα υλικά με τα οποίο χτίζουμε έχουν πολύ μεγάλη σημασία.

Ο Θεός έχει ορίσει το μόνο σωστό θεμέλιο: Αυτό είναι ο Ιησούς Χριστός. Επάνω σ' Αυτόν μπορούμε να χτίσουμε τη ζωή μας. Αν πιστεύουμε σ' Αυτόν και στο σωτήριο έργο που έκανε για εμάς, έχουμε πρόσβαση στον Θεό, άφεση αμαρτιών και αιώνια ζωή. Και αν επιτρέψουμε στον Ιησού να καθοδηγεί τη ζωή μας σε αυτόν τον κόσμο, η ζωή μας θα αποκτήσει επίσης σταθερότητα, γιατί ο Ιησούς είναι ο βράχος που αντέχει στους σεισμούς και στις πλημύρες.

Επάνω σε αυτό το γερό θεμέλιο μπορούμε να χτίσουμε με διάφορα υλικά. Με χρυσό και ασήμι, με πολύτιμες πέτρες, ή μόνο με ξύλο, άχυρα και καλάμια. Ο Θεός μας καλεί να χτίσουμε τη ζωή μας με πολύτιμα υλικά. Ο χρυσός, το ασήμι και οι πολύτιμες πέτρες αντιπροσωπεύουν αυτά που έχουν αξία στα μάτια του Θεού: η πίστη στον Χριστό, η αγνότητα, η αφοσίωση, η αγάπη για τον Θεό και για τους ανθρώπους, ένα χέρι βοήθειας, η διάδοση του μνήματος του Θεού για μετάνοια, συγχώρεση και αιώνια ζωή, αυτά είναι πράγματα που μετράνε στα μάτια του Θεού, και αυτά θα ανταμείψει. Η αδιαφορία για τον Θεό, η έλλειψη αγάπης, ο εγωισμός και η σκληροκαρδία είναι σαν τα άχυρα και τα χόρτα.

Στο τέλος, ο Θεός θα εξετάσει και θα κρίνει το οικοδόμημα της ζωής μας. Η Γραφή μιλάει για μια δοκιμασία φωτιάς. Θα αντέξει το έργο της ζωής μας, όπως αντέχει το χρυσάφι, το ασήμι, και οι πολύτιμες πέτρες, σαν περάσει από φωτιά; Ή θα καεί τελείως όπως το άχυρο και το χορτάρι και θα μείνει μόνο στάχτη; Ανάλογη θα είναι και η ανταμοιβή μας...

Μην κρίνετε κάτι προ καιρού ώσπου να έρθει ο Κύριος, ο οποίος θα φωτίσει τα κρυφά που είναι στο σκοτάδι και θα φανερώσει τις βουλές των καρδιών. Και τότε θα γίνει ο έπαινος στον καθέναν από τον Θεό.

(προς Α' Κορινθίους 4:5)

(προς Ρωμαίους 2:6-11) (προς Α' Κορινθίους 3:11-15)
(προς Β' Κορινθίους 5:10) (προς Γαλάτας 2:6)
(προς Εφεσίους 2:20-22 και 6:8-9) (προς Κολοσσαείς 3:24-25)
(προς Τίτον 3:7) (Α' Πέτρου 1:17)

62. Ο ΘΕΟΣ ΑΝΤΑΜΕΙΒΕΙ ΤΗΝ ΣΩΣΤΗ ΠΙΣΤΗ ΚΑΙ ΤΟΥΣ ΑΛΗΘΙΝΟΥΣ ΑΚΟΛΟΥΘΟΥΣ

Τι κοινό έχουν λάδι και ξύδι, ενθουσιασμένοι οπαδοί και ένας αγαπητός θείος; Τίποτα απολύτως, εκτός ότι όλα μπορούν να δείξουν μια μεγάλη παρεξήγηση, του τι σημαίνει σωστή πίστη. Είναι εντελώς άστοχο, το να βλέπουμε τον Χριστό σαν το λάδι και το ξύδι που νοστιμεύουν τη σαλάτα της ζωής μας. Είναι εκτός οποιασδήποτε πραγματικότητας, αν πιστεύουμε πως ο Θεός είναι όπως ένας αγαπητός θείος που τον έχουμε για να μας κάνει τα χατίρια. Και μπορούμε να είμαστε σίγουροι, πως ο Χριστός δεν ήρθε σ' αυτόν τον κόσμο για να κάνει οπαδούς.

Ο Χριστός δεν ψάχνει για οπαδούς και θαυμαστές, αλλά για αληθινούς ακόλουθους που μένουν στην πίστη, ακόμα και όταν τα πράγματα δυσκολεύουν. Οι οποίοι θέλουν να μάθουν να σκέφτονται και να πράττουν όλο και περισσότερο όπως ο Κύριος που ακολουθούν. Γι' αυτούς ο Θεός είναι ο ουράνιος Πατέρας τους, και έχουν εμπιστοσύνη στην αγάπη του, στην πιστότητά του, στη δύναμη και στην σοφία του. Γι' αυτό και βάζουν το θέλημά του πάνω απ' το δικό τους. Αυτό σημαίνει πίστη στον Θεό. Αυτή είναι η σωστή και γνήσια πίστη που ο Θεός θα ανταμείψει. Μια πίστη που μας στηρίζει, μας ενισχύει, και μας δίνει υπομονή όταν πρέπει να περιμένουμε, αλλά και δύναμη όταν πρέπει να ενεργήσουμε. Μια πίστη που μερικές φορές είναι τόσο μικρή σαν τον κόκκο σιναπιού, αλλά μπορεί ωστόσο να μετακινήσει βουνά!

Όχι όποιος λέει σε μένα: Κύριε, Κύριε, θα μπει στη βασιλεία των ουρανών, αλλά αυτός που πράττει το θέλημα του Πατέρα μου, ο οποίος είναι στους ουρανούς.

(Ιησούς Χριστός, κατά Ματθαίον 7:21)

(κατά Ματθαίον 5:11-12 και 17:20)
(κατά Λουκάν 6:35 και 6:46) (κατά Ιωάννην 14:23)
(προς Ρωμαίους 2 13 και 3:22-26 και 5:1 και 8:15)
(προς Α' Κορινθίους 8:6)

63. Η ΧΑΡΗ ΤΟΥ ΘΕΟΥ ΣΩΖΕΙ ΚΑΙ ΔΙΑΠΑΙΔΑΓΩΓΕΙ

Ο Θεός δεν εγκατέλειψε την ανθρωπότητα στην τύχη της. Δεν μας δημιούργησε και μετά κάθισε αναπαυτικά για να δει πως θα τα καταφέρουμε μόνοι μας. Ο Θεός έχει καλές προθέσεις και σκοπούς για μας. Νοιάζεται για μας. Πώς μας το δείχνει αυτό;

Πρώτον, με τη χάρη και το έλεός του. Ο Θεός δεν μας εγκαταλείπει και δεν παύει να εργάζεται στη ζωή μας. Και επειδή έχει έλεος με μας, θέλει να μας ελευθερώσει από την αμαρτία και την καταστροφική της δύναμη. Θέλει να μας σώσει από την κρίση που η αμαρτία μας επιφέρει. Για αυτήν τη σωτηρία μας ήρθε, πέθανε και αναστήθηκε ο Ιησούς Χριστός, ο Υιός του Θεού. Πλήρωσε το δικό μας χρέος στον σταυρό, και έκανε δυνατό για όσους από μας ζητήσουν την συγχώρεσή του και τον βάλουν Κύριο στη ζωή τους, να γίνουμε παιδιά του Θεού, ώστε να μπορούμε να ζούμε στην παρουσία του. Μόνο αυτό γεμίζει πλήρως την καρδιά μας, ο Θεός μάς δημιούργησε με αυτόν τον σκοπό, να έχουμε κοινωνία μαζί του. Αυτό δείχνει ξεκάθαρα την αξία που έχουμε στα μάτια του.

Το πόσο νοιάζεται ο Θεός για μας, το δείχνει επίσης μέσω της διαπαιδαγώγησής του. Αν είμαστε παιδιά του Θεού, σαν ένας καλός πατέρας, ο Θεός θα μας διδάξει χρήσιμα πράγματα. Γιατί θέλει να ενεργήσει *μέσω* εμάς και *μαζί* με μας σ' αυτόν τον κόσμο. Ώσπου να έρθει ο Ιησούς Χριστός ξανά και να ιδρύσει την βασιλεία του που δεν έχει τέλος. Για αυτό είναι απαραίτητο να εργάζεται ο Θεός στον εσωτερικό μας άνθρωπο, όπως και να χρησιμοποιεί ανθρώπους και καταστάσεις στη ζωή μας, ώστε να μας διαμορφώνει και να μας ανακαινίζει συνεχώς. Εάν αυτή είναι και η δικιά μας επιθυμία και είμαστε ανοιχτοί απέναντι στην διαπαιδαγώγηση του Θεού, τότε θα δούμε πως Αυτός θα αλλάξει την καρδιά και τη σκέψη μας, ώστε να μπορεί να μας χρησιμοποιεί όλο και περισσότερο για να εκπληρώσει τα σχέδιά του.

Η διαπαιδαγώγηση του Θεού μπορεί κάποιες φορές να μας φαίνεται δύσκολη ή και κάπως βαριά. Ακόμη και σ' αυτές τις στιγμές όμως δεν μας εγκαταλείπει η χάρη και η φροντίδα του Θεού. Είθε να μας χρησιμοποιήσει Εκείνος, για να μάθουν κι άλλοι άνθρωποι για την χάρη και το έλεος του που σώζει, ώστε να φτάσουν στον στόχο τους. Στον στόχο για τον οποίο μας προόρισε ο Θεός από την αρχή της ύπαρξής μας: Να ζήσουμε άφθαρτη και αιώνια ζωή στη δόξα του Θεού.

Λησμονώντας όσα είναι πίσω μου, επεκτείνομαι σε όσα βρίσκονται μπροστά μου, τρέχω προς τον σκοπό, για το βραβείο της άνω πρόσκλησης του Θεού εν Χριστώ Ιησού.

(προς Φιλιππησίους 3:14)

 (Παροιμίες 3:11-12) (προς Ρωμαίους 6:23)
(προς Α' Θεσσαλενικείς 5:9) (προς Α' Τιμόθεον 2:4)
(προς Τίτον 2:11-14) (προς Εβραίους 12:5 8)

64. Ο ΘΕΟΣ ΜΑΣ ΚΑΛΕΙ ΚΑΙ ΜΑΣ ΚΑΝΕΙ ΠΑΙΔΙΑ ΤΟΥ

Ο Θεός καλεί ανθρώπους για κάτι πολύ ιδιαίτερο: θέλει να τους κάνει παιδιά του και να τους ευλογήσει. Πρόκειται για ανθρώπους που αναγνωρίζουν την αμαρτία τους και έρχονται με ειλικρινή μετάνοιά στον Θεό. Τότε Εκείνος τους δίνει καινούργια μάτια και καινούργια καρδιά. Γίνονται πνευματικά *αναγεννημένοι*, καινούργιοι άνθρωποι μέσω της δράσης του Αγίου Πνεύματος. Γίνονται παιδιά του Θεού, που είναι πρόθυμα να εξετάσουν τη σκέψη και τη συμπεριφορά τους κάτω από το φως του Θεού. Και που επιθυμούν να απομακρυνθούν από το κακό, και να φέρουν στη ζωή τους καλό καρπό.

«Δεν ακούγεται αυτό κάπως ουτοπικό;», μπορεί να πει κάποιος. Πόσοι άνθρωποι μπορούν να ισχυριστούν ότι είναι συνεπής σε τέτοιο βαθμό; Ωστόσο δεν εξαρτάται από την ανθρώπινη δύναμη, το να ζει κάποιος με συνέπεια κατά το θέλημα του Θεού, αλλά από το έργο του Θεού μέσα στην καρδιά ενός ανθρώπου. Ο Θεός είναι αυτός που ανακαινίζει εσωτερικά αυτούς που έγιναν παιδιά του. Ο Θεός ξεκινά τη διαδικασία της αλλαγής μέσα μας την στιγμή που μας αναγεννά. Και Αυτός συνεχίζει να μας διαμορφώνει, μέχρι να παρουσιαστούμε μπροστά του, όταν πια θα έχουμε φτάσει στον προορισμό μας, στο σπίτι του ουράνιου Πατέρα μας.

Ήδη σ' αυτή τη ζωή, μπορούμε να αποκαλούμε τον Θεό Ουράνιο Πατέρα και να ανήκουμε στην οικογένεια του. Εδώ βρίσκουμε ειρήνη και ελπίδα, βιώνουμε φροντίδα και αγάπη διαφορετική από αυτήν του κόσμου. Σαν αγαπητά παιδιά μπορούμε και να έχουμε ήδη κοινωνία με τον Ουράνιο Πατέρα μας. Και κάποια μέρα θα λάβουμε την άφθαρτη κληρονομιά που έχει φυλάξει Αυτός για τα παιδιά του. Αυτή είναι η υπόσχεση του Θεού, μια υπέρτατη τιμή, που ξεπερνάει κάθε όνειρο και κάθε φαντασία!

Όσοι δε Τον δέχθηκαν, σ' αυτούς έδωσε εξουσία να γίνουν παιδιά του Θεού, σ' αυτούς που πιστεύουν στο όνομά Του... ...οι οποίοι εκ Θεού γεννήθηκαν.

(κατά Ιωάννην 1:12-13)

Αυτά που μάτι δεν είδε και αφτί δεν άκουσε καὶ σε καρδιά ανθρώπου δεν ανέβηκε, αυτά ετσίμασε ο Θεός για αυτούς που Τον αγαπούν.

(προς Α' Κορινθίους 2:9)

(κατά Ιωάννην 1:12 και 15:16 και 15:19)
(Πράξεις Αποστόλων 10:41) (προς Ρωμαίους 8:14-17 και 9:8)
(προς Β' Κορινθίους 3:18 και 6:18)
(προς Γαλάτας 3:26 και 4:5-6) (προς Εφεσίους 2:19)
(Ιακώβου 2:5) (Α' Ιωάννου 3:1)

65. Ο ΘΕΟΣ ΜΑΣ ΣΥΝΙΣΤΑ ΤΗΝ ΑΠΛΗ ΠΙΣΤΗ

«Γιατί να κάνουμε τα πράγματα απλά, όταν μπορούμε να τα κάνουμε περίπλοκα;» Αν κι αυτή η φράση εννοείται σαν αστείο, αυτό συμβαίνει πολλές φορές πραγματικά. Σκεφτόμαστε περίπλοκα, μιλάμε περίπλοκα και ενεργούμε περίπλοκα. Συχνά ξεχνάμε πόσο πολύτιμα είναι τα απλά πράγματα στη ζωή και έτσι δεν μπορούμε να τα απολαύσουμε όπως θα έπρεπε. Όμως αυτό το «περίπλοκο» όχι μόνο δυσκολεύει την καθημερινότητά μας, αλλά και τις σχέσεις μας με τους άλλους ανθρώπους, Ακόμη και τη σχέση μας με τον Θεό, ενώ αυτή θα έπρεπε να φέρνει ανάπαυση, όταν η ζωή γίνεται περίπλοκη. Αν πλησιάσουμε τον Θεό με παιδική πίστη και εμπιστοσύνη και αφήσουμε στα χέρια του ό,τι μας βαραίνει, τότε θα βρούμε δύναμη και γαλήνη κοντά του, γιατί Εκείνος είναι παντοδύναμος και φροντίζει για μας.

Όμως αυτή η απλή εμπιστοσύνη στον Θεό και στις υποσχέσεις του δεν είναι πάντα εύκολη. Πολλοί αμφιβάλλουν. Αναρωτιούνται: «μ' έχει δεχθεί ο Θεός πραγματικά όπως είμαι, ή μήπως πρέπει να κάνω κάτι παραπάνω για να αξίζω την αγάπη του; Γνωρίζει σίγουρα τα προβλήματά μου και θέλει να με βοηθήσει; Μπορώ να εμπιστευτώ απόλυτα τις οδηγίες του για τη ζωή μου ή μήπως πρέπει να αναθεωρήσω κάποια πράγματα και να τα προσαρμόσω στις σημερινές συνθήκες; Είναι αλήθεια ότι ο Θεός με αγαπά και θα μου χαρίσει την αιώνια ζωή;»

Αυτές οι αμφιβολίες δεν είναι σπάνιες. Αλλά δεν πρέπει να νικήσουν. Δεν πρέπει να καταφέρουν να μας απομακρύνουν από τον Θεό. Να μας θολώσουν το μυαλό τόσο, ώστε να χάσουμε αυτή την απλότητα που είναι τόσο απαραίτητη για τη ζωή μας και την πίστη μας.

«Είπε αλήθεια ο Θεός...;» ρώτησε το φίδι τότε την Εύα στον κήπο της Εδέμ. Τα λόγια του έσπειραν αμφιβολία και έφεραν σκοτάδι και καταστροφή. Όμως ο Υιός του Θεού, ο Ιησούς Χριστός, λέει άλλα λόγια: «Μην ταράζεται η καρδιά σας! Να έχετε πίστη στον Θεό και να έχετε πίστη και σ' εμένα!» Τα λόγια του Χριστού διαλύουν τις αμφιβολίες, ανορθώνουν και φέρνουν φως και αιώνια ελπίδα!

Ποιον λοιπόν θα πιστέψουμε;

Αφήστε τα παιδιά να έρθουν σ΄ εμένα και μην τα εμποδίζετε, γιατί για τέτοιους είναι η βασιλεία των ουρανών.

(Ιησούς Χριστός, κατά Λουκάν 18:16)

Ο λύχνος του σώματος είναι ο οφθαλμός.
Αν ο οφθαλμός σου είναι απλός, όλο το σώμα σου θα είναι φωτεινό.

(Ιησούς Χριστός, κατά Μχτθαίον 6:22)

 (κατά Ματθαίον 5 3 και 18:3) (κατά Ιωάννην 14:1)
(προς Ρωμαίους 12:8) (προς Β' Κορινθίους 1:12 και 11:3)
(προς Εφεσίους 6:5) (προς Κολοσσαείς 3:22)

66. Ο ΘΕΟΣ ΕΧΕΙ ΕΝΑΝ ΥΙΟ ΚΑΙ ΠΟΛΛΑ ΠΑΙΔΙΑ

Στη μεγάλη οικογένεια του Θεού ανήκουν ο μονογενής Υιός του, Ιησούς Χριστός, και ένας μεγάλος αριθμός ανθρώπων, που ο Θεός ονομάζει παιδιά του, γιους και θυγατέρες του. Άνδρες και γυναίκες, νέοι και ηλικιωμένοι, από κάθε γωνιά της γης, από κάθε κοινωνική τάξη και προέλευση.

Αυτό που συνδέει όλους αυτούς τους ανθρώπους μεταξύ τους είναι η πίστη τους, ότι ο Θεός είναι αληθινός και ότι ενεργεί στη ζωή τους. Ότι τους έχει δεχτεί και τους έχει συγχωρήσει. Ότι τους αγαπά και φροντίζει γι' αυτούς. Ότι ο Θεός και Πατέρας του Ιησού Χριστού είναι και ο δικός τους ουράνιος Πατέρας, που τους χαρίζει το δώρο της αιώνιας ζωής. Όλοι αυτοί επιθυμούν να γνωρίσουν τον Θεό όλο και περισσότερο, και να τον υπηρετήσουν με την ζωή τους. Ακολουθούν το παράδειγμα του Χριστού μέσα στην Αγία Γραφή και μαθαίνουν από Αυτόν. Αυτή η κοινή πίστη ενώνει, δίνει αντοχή και δύναμη σε όσους τη μοιράζονται, ώστε να είναι δίπλα ο ένας στον άλλον και να αγωνίζονται μαζί για το καλό. Στο τέλος, στον καινούργιο κόσμο του Θεού, τους περιμένει μια μεγάλη γιορτή. Ολόκληρη η οικογένεια του Θεού θα είναι εκεί, μια συνάντηση αιώνων, χιλιετηρίδων.

Είμαστε όλοι προσκαλεσμένοι να ανήκουμε στην οικογένεια του Θεού, να είμαστε μέλη του οίκου του και να απολαύσουμε αυτό το θαυμάσιο και δοξασμένο μέλλον που έχει προετοιμάσει ο Θεός για μας. Υπήρξε ποτέ για εμάς μια πιο σημαντική πρόσκληση;

Πολλοί θα έρθουν από ανατολή και δύση, και θα καθίσουν μαζί με τον Αβραάμ και τον Ισαάκ και τον Ιακώβ στη βασιλεία των ουρανών.

(Ιησούς Χριστός, κατά Ματθαίον 8:11)

Εύγε δούλε αγαθέ και πιστέ...
...είσελθε στη χαρά του Κυρίου σου!

(Ιησούς Χριστός, κατά Ματθαίον 25:21)

(κατά Ματθαίον 8:11 και 16:16-17 και 26:63-64)
(κατά Μάρκον 14:61-62) (κατά Λουκάν 13:29)
(κατά Ιωάννην 1:1-14 και 3:3 και 3:16-18 και 3:25-26)
(κατά Ιωάννην 10,24-25 και 14,1-3 και 15:1-5)
(κατά Ιωάννην 17:24 και 20:28) (προς Ρωμαίους 8,16-17)
(προς Α' Κορινθίους 2:9) (προς Β' Κορινθίους 5:17)
(προς Γαλάτας 6:15) (προς Εβραίους 1:1-2 και 3:6)
(προς Α' Τιμόθεον 1:18 και 6:11-12) (Α' Ιωάννου 3:1-2)
(Αποκάλυψη Ιωάννου 19:9)

139

67. Ο ΘΕΟΣ ΠΡΟΟΡΙΣΕ ΤΑ ΠΑΙΔΙΑ ΤΟΥ ΝΑ ΓΙΝΟΥΝ ΣΥΜΜΟΡΦΟΙ ΜΕ ΤΗΝ ΕΙΚΟΝΑ ΤΟΥ ΥΙΟΥ ΤΟΥ

Τους αποκαλούμε τελειομανείς. Άτομα που θέλουν να τα κάνουν όλα τέλεια και θέλουν και οι ίδιοι να είναι όσο το δυνατόν πιο τέλειοι. Συνήθως δεν είναι κολακεία όταν τους ονομάζουμε έτσι.

Ωστόσο αν κοιτάξουμε τον εαυτό μας, δεν νιώθουν όντως πολλοί από μας αυτήν την έλξη που ασκεί η τελειότητα πάνω μας; Σίγουρα, κανείς δεν μπορεί να είναι τέλειος, αλλά δεν θα το θέλαμε αν μπορούσαμε; Εσωτερικά και εξωτερικά; Όχι πια λάθη, καθόλου ατέλειες, και αξιοποίηση του δυναμικού μας στο έπακρο;

Η τελειότητα φαίνεται να είναι ένα κρυφό πάθος στην καρδιά του ανθρώπου, βαθιά ριζωμένο, σαν να έχει εμφυτευτεί από κάποιον. Αυτό δεν είναι περίεργο, γιατί προερχόμαστε από τον Θεό, φτιαχτήκαμε κατ' εικόνα του και Αυτός είναι τέλειος. Αυτή η ανθρώπινη επιθυμία για τελειότητα έχει θεϊκή προέλευση. Και μόνο ο Θεός *μπορεί* να εκπληρώσει και *θα* εκπληρώσει αυτή την επιθυμία.

Ο Θεός έχει προορίσει αυτούς που έγιναν παιδιά του, να γίνουν σύμμορφοι με την τέλεια εικόνα του Υιού Του, του Ιησού Χριστού. Το τι ικανότητες και προοπτικές σημαίνει αυτό, είναι αδύνατο να το φανταστούμε. Όμως, αν είμαστε παιδιά του Θεού, τότε θα έχουμε την αιωνιότητα για να το ανακαλύψουμε. Τι υπέροχο μέλλον!

> *Τώρα είμαστε παιδιά τού Θεού και ακόμα δεν είναι φανερό τι θα είμαστε. Ξέρουμε ότι όταν φανερωθεί, θα είμαστε όμοιοι με Αυτόν, γιατί θα τον δούμε καθώς είναι.*
>
> *(Α' Ιωάννου 3:2)*

 (προς Ρωμαίους 8:29) (προς Εφεσίους 1:4)
(προς Φιλιππησίους 3:20-21)

68. Ο ΘΕΟΣ ΕΧΕΙ ΜΥΣΤΙΚΑ, ΠΟΥ ΠΙΑ ΜΥΣΤΙΚΑ ΔΕΝ ΕΙΝΑΙ

Πώς γίνεται να μην έχει ο Θεός μυστικά, με την έννοια του «κρυφά και μυστήρια»; Ποτέ δεν θα μπορούσαμε εμείς οι άνθρωποι να κατανοήσουμε και να αντιληφθούμε πλήρως το πως σκέφτεται και ενεργεί ο Θεός. Τα περισσότερα που αφορούν τον Θεό παραμένουν για μας μεγάλα μυστήρια.

Ωστόσο, ένα από τα μεγαλύτερα και πιο σημαντικά μυστήρια μας το φανέρωσε ο Θεός. Πρόκειται για κάτι που ακόμα και οι προφήτες, άνθρωποι που έγραψαν λόγια που απευθείας έλαβαν από τον Θεό, δεν θα μπορούσαν να φανταστούν. Κάτι που ακόμα και οι άγγελοι του Θεού επιθυμούν να κατανοήσουν: *Η ένωση του Υιού του Θεού και της Εκκλησίας του σε ένα σώμα.*

Ο Ιησούς Χριστός είναι η κεφαλή, η Εκκλησία είναι το σώμα του, τα μέλη του. Το ζωογόνο Πνεύμα του Θεού ρέει μέσα από τις φλέβες αυτού του σώματος. Ο Χριστός ως κεφαλή σκέφτεται, και η Εκκλησία ανταποκρίνεται, όπως τα μέλη ενός σώματος ανταποκρίνονται στον νου. Το Θείο και το ανθρώπινο ενώνονται, γίνονται Ένα. Απίστευτο, ακατανόητο, θαυμάσιο! Ένα μυστήριο που για πολύ καιρό ήταν κρυμμένο στον ουρανό και στη γη, αλλά τώρα δεν είναι πια μυστήριο.

Αν και εμείς οι άνθρωποι, στην αρχή της δημιουργίας μας αμφισβητήσαμε τις προθέσεις του Θεού και ανατρέψαμε τα καλά του σχέδια, ο Θεός θα εκπληρώσει τελικά το καλό σχέδιο, που έχει για μας και θα μας φέρει στον προορισμό μας, αν τον εμπιστευτούμε και τον θέσουμε Κύριο στη ζωή μας. Τότε θα βρούμε πάλι τον τόπο που ανήκουμε, στην Εκκλησία του Ιησού Χριστού, στο Σώμα του. Αυτή είναι το πλήρωμα του Χριστού, μαζί αποτελούν μία αδιάσπαστη ενότητα. Κι έτσι όσοι ανήκουν στην Εκκλησία του Χριστού θα κυβερνήσουν και μαζί του, όταν Αυτός έρθει στη βασιλεία του. Θα έχουν μερίδιο στη δόξα του, γιατί είναι από τώρα και για πάντα μαζί του ενωμένοι.

Ο Θεός κάθισε τον Χριστό στα δεξιά του στα επουράνια, υπεράνω κάθε αρχής και εξουσίας και δύναμης και κυριότητας, και κάθε ονόματος που ονομάζεται, όχι μονάχα σε τούτο τον αιώνα, αλλά και στον μέλλοντα. Και τα πάντα υπέταξε κάτω από τα πόδια του, και έδωσε Αυτόν ως κεφαλή πάνω από όλους στην εκκλησία, η οποία είναι το σώμα του, το πλήρωμα εκείνου, που σε όλα γεμίζει τα πάντα με πληρότητα.

(προς Εφεσίους 1:20-23)

(προς Ρωμαίους 12:5)
(προς Εφεσίους 2:14 και 3:4 και 5:32 και 6:19)
(προς Α' Κορινθίους 10:17 και 12:12-13)
(προς Κολοσσαείς 1:18 και 1:26-27 και 2:2-3)
(προς Α' Τιμόθεον 3:16)

69. Ο ΘΕΟΣ ΚΑΘΑΡΙΖΕΙ ΤΗ ΣΥΝΕΙΔΗΣΗ ΜΑΣ ΑΠΟ ΝΕΚΡΑ ΕΡΓΑ

Η συνείδησή μας είναι φίλος μας αλλά και εχθρός μας. Μπορεί να μας βασανίζει, να μας στερεί τον ύπνο, και να μας χαλάει την ημέρα. Σίγουρα, μπορούμε να την αγνοήσουμε. Μια φορά, δυο φορές, μέχρι που τελικά παθαίνουμε ανοσία και η συνείδησή μας δε μας ενοχλεί πλέον. Δεν φαίνεται αυτό πολύ καλή λύση...

Πιο καλό είναι να έχουμε μια ήσυχη συνείδηση. Ωστόσο, ακόμα και αυτό δεν αποτελεί εγγύηση, ότι πράγματι είναι όλα εντάξει. Από τη δική μας οπτική γωνία μπορεί να φαίνεται έτσι. Αλλά τι βλέπει ο Θεός απ' τη δικιά του μεριά; Πως κρίνει Αυτός τις σκέψεις και τις πράξεις μας; Τι είναι όντως σημαντικό στα μάτια του;

Για τον Θεό, αυτό που μετράει είναι η αγάπη!

Μπορεί να προσπαθούμε να κάνουμε το καλό, να αποφεύγουμε το κακό, να κοπιάζουμε για το δίκαιο, να στερούμαστε οι ίδιοι για να μπορούμε να δώσουμε σε άλλους, αλλά αν όλες αυτές οι καλές πράξεις δεν έχουν σαν κύριο κίνητρο τους την αγάπη για τον Θεό και τους ανθρώπους, παραμένουν κι αυτές *νεκρά έργα*. Ίσως να καθησυχάζουν την συνείδησή μας, αλλά αυτό δεν σημαίνει ότι αυτή είναι στα μάτια του Θεού αγνή. Για να υπηρετήσουμε όμως αληθινά τον Θεό, χρειαζόμαστε συνείδησή απελευθερωμένη από αυτά τα νεκρά έργα, από εκείνα που κάνουμε για πολλούς και διάφορους λόγους, αλλά όχι κυρίως από αγάπη.

Μόνο ο Θεός μπορεί να μας ανακαινίσει εσωτερικά, να καθαρίζει τα κίνητρά μας και να ενεργήσει μέσα μας την αγάπη. Είναι αυτό μία διαδικασία. Αρχίζει όταν ένας άνθρωπος ζητήσει ειλικρινά συγχώρεση από τον Θεό και θελήσει να ζήσει τη ζωή του σύμφωνα με το θέλημα του Θεού, όπως αποκαλύπτεται στην Αγία Γραφή. Αυτή η *αναγέννηση* που ενεργεί το Πνεύμα του Θεού, δίνει στον άνθρωπο μια καινούργια φύση. Τον ελευθερώνει από την δύναμη της αμαρτίας η οποία μολύνει τις σκέψεις και τις πράξεις του. Και έτσι καθαρίζει και η συνείδηση από τα σημάδια που είχαν αφήσει τα νεκρά έργα, δηλαδή οι πράξεις που δεν έγιναν με καθαρά κίνητρα αγάπης.

Σίγουρα είναι αυτό μια διαδικασία που διαρκεί σ' όλη μας τη ζωή, και θα υπάρξουν και οι στιγμές που ακόμη και σαν καινούργιοι άνθρωποι θα πέσουμε. Τότε η συνείδηση βαραίνει και νιώθουμε ανάξιοι. Όμως ο Ιησούς Χριστός πλήρωσε για τις *δικές* μας αμαρτίες, κι αυτός είναι ο λόγος που μπορούμε να σταθούμε μπροστά στον Θεό, όχι τα καλά μας έργα ή το ότι δεν κάνουμε ποτέ λάθη. Ο Χριστός μας ελευθερώνει από την πίεση, του να αποδείξουμε σ' ουρανό και γη ότι είμαστε καλοί και ευγενικοί άνθρωποι. Αυτό δεν σημαίνει σε καμία περίπτωση ότι θα σταματήσουμε να προσπαθούμε και ότι θα μείνουμε αδρανείς. Όμως όσο περισσότερο αναγνωρίζουμε, ότι είναι η χάρη του Θεού η αιτία, που Αυτός μας δέχεται, τόσο περισσότερο θα μεγαλώνει και η αγάπη στην καρδιά μας, ώστε να μπορούμε όλο και περισσότερο να ενεργούμε με αγάπη. Αγαπάμε γιατί Εκείνος μας αγάπησε πρώτος. Και καθώς μοιράζουμε αυτήν την αγάπη γύρω μας, γίνονται τα νεκρά έργα, ζωντανά. Και εμείς οι ίδιοι γινόμαστε πηγές που χαρίζουν φως και ζωή.

Ο στόχος δε της διδασκαλίας είναι αγάπη από καθαρή καρδιά και συνείδηση αγαθή και πίστη ανυπόκριτη.

(προς Α' Τιμόθεον 1:5)

(Πράξεις Αποστόλων 24:16) (προς Β' Κορινθίους 1:12 και 9:7) (προς Α' Τιμόθεον 1:19) (προς Εβραίους 9:14 και 10:22) (Α' Ιωάννου 1:7)

70. ΤΟ ΘΕΛΗΜΑ ΤΟΥ ΘΕΟΥ ΕΙΝΑΙ Ο ΑΓΙΑΣΜΟΣ ΜΑΣ

Τι θα πει «άγιος»; Πρόκειται για ανθρώπους που φαίνονται να' ναι πολύ καλοί, που κάνουν πολλά καλά έργα, και είναι ιδιαίτερα θρησκευόμενοι;

Η λέξη «άγιος» δεν σημαίνει μόνο αγνός και καθαρός. Χαρακτηρίζει επίσης και κάτι άλλο πολύ όμορφο: *ξεχωρισμένος για τον Θεό, επιλεγμένος για κάτι ιδιαίτερο, αφιερωμένος στον Θεό.*

Δεν έχει αυτό να κάνει με μια ζωή απομονωμένη ή βαρετή, γεμάτη μη και μη. Αν είμαστε παιδιά του Θεού, τότε ο Θεός μας προσκαλεί να γίνουμε ενεργοί συνεργάτες του. Είμαστε «άγιοι» γι' Αυτόν, επιλεγμένοι και ξεχωρισμένοι, να γίνουμε αγγελιαφόροι και εκπρόσωποί του σε αυτόν τον κόσμο. Ώστε να εκπληρώσουμε την αποστολή που μας έχει αναθέσει ο Θεός, που είναι να μεταφέρουμε την αγάπη του στον κόσμο και να αναγγείλουμε το σωτήριο έργο του.

Αυτό είναι εξαιρετικό προνόμιο, μια μεγάλη τιμή! Αλλά το να μαθαίνουμε πως να ζούμε και πως να φερόμαστε σαν αξιόπιστα παιδιά του Θεού, είναι μια διαδικασία με σκαμπανεβάσματα. Μα όπως και σ' όλα τ' άλλα, μπορούμε και εδώ να εμπιστευτούμε τον Θεό, ότι Αυτός που άρχισε το καλό έργο μέσα μας, έχει και τη δύναμη να το ολοκληρώσει.

Αυτός δε ο Θεός της ειρήνης είθε να σας αγιάσει ολότελα, και είθε ολόκληρο το πνεύμα σας, και η ψυχή, και το σώμα, να διατηρηθούν άμεμπτα στην παρουσία τού Κυρίου μας Ιησού Χριστού.

(προς Α' Θεσσαλονικείς 5:23)

Εσείς, δε είστε γένος εκλεκτό, βασίλειο ιεράτευμα, έθνος άγιο, λαός τον οποίο ο Θεός διάλεξε για να εξαγγείλετε τις αρετές Αυτού που σας κάλεσε από το σκοτάδι στο θαυμαστό του φως.

(Α' Πέτρου 2:9)

(Έξοδος 31:13) (Λευιτικόν 11:44)
(κατά Ιωάννην 15:5 και 17:17) (προς Ρωμαίους 6:22)
(προς Εφεσίους 5:25-26) (προς Φιλιππησίους 2:12)
(προς Β' Θεσσαλονικείς 2:13) (προς Εβραίους 12:14)
(προς Τίτον 3:5) (Α' Πέτρου 1:15-16)

71. Ο ΘΕΟΣ ΜΑΣ ΚΑΝΕΙ ΑΓΙΟΥΣ ΚΑΙ ΔΙΚΑΙΟΥΣ

«Αλλά αυτές είναι ιδιότητες που θα αποδίδαμε στον Θεό, ή το πολύ σε κάποιους από τους αγίους της Εκκλησίας», θα λέγαμε. «Ο Θεός είναι άγιος και δίκαιος, όχι εμείς!» Και είναι αλήθεια αυτό.

Όμως ο Θεός έχει μια διαφορετική οπτική γωνία. «Άγιοι» στα μάτια του Θεού είναι οι *αγιασμένοι* από τον Θεό. Οι πλυμένοι και καθαρισμένοι από την αμαρτία. Και σαν «δίκαιους» βλέπει ο Θεός τους *δικαιωμένους* διαμέσου της πίστης στον Ιησού Χριστό, και *αναγεννημένους* από το Πνεύμα του Θεού. Είναι αυτοί ξεχωρισμένοι και αφιερωμένοι στον Θεό. Παιδιά του Θεού!

Όσοι είναι παιδιά του Θεού δεν σημαίνει ότι είναι τέλειοι, ότι δεν κάνουν ποτέ λάθη, και ότι συμπεριφέρονται πάντα σωστά. Έχουν όμως την δυνατή επιθυμία να μορφωθεί ο Χριστός όλο και περισσότερο μέσα τους, ώστε να μάθουν όλο και περισσότερο να σκέφτονται και να πράττουν κατά το παράδειγμα που άφησε Εκείνος.

Ο Ιησούς Χριστός πέθανε για τις αμαρτίες μας. Νίκησε την αμαρτία και τον θάνατο. Ο δρόμος προς τον Θεό είναι ελεύθερος. Στα μάτια του, όλοι όσοι δέχονται τον Χριστό ως Κύριο και Σωτήρα τους είναι άγιοι και δίκαιοι. Αυτό είναι το δώρο του Θεού, αυτή είναι η χάρη. Όποιος το πιστέψει, θα είναι ευλογημένος, και σ' αυτήν την ζωή, και στην αιώνια!

Σε Εκείνον που μας αγαπά και μας ελευθέρωσε από τις αμαρτίες μας με το αίμα Του, και μας έκανε βασιλιάδες και ιερείς στον Θεό και Πατέρα Του, σ' Αυτόν να είναι δόξα και δύναμη στους αιώνες των αιώνων. Αμήν!

(Αποκάλυψη Ιωάννου 1:5-6)

(προς Α' Κορινθίους 1:30 και 6:11) (προς Εφεσίους 5:26)
(προς Β' Θεσσαλονικείς 2:13) (προς Τίτον 3:1-5)
(Α' Πέτρου 1:2) (Α' Ιωάννου 1:7 και 2:12)

72. Ο ΘΕΟΣ ΘΕΛΕΙ ΝΑ ΕΙΝΑΙ ΜΑΖΙ ΜΑΣ, ΓΥΡΩ ΜΑΣ ΚΑΙ ΜΕΣΑ ΜΑΣ

Αυτή είναι μία από τις μεγαλύτερες και πιο βαθιές επιθυμίες του Θεού. Θέλει να είναι *μαζί μας*, να μας συνοδεύει και να μας οδηγεί μες στη ζωή μας. Θέλει να είναι *γύρω μας* και να μας περιβάλει. Και θέλει να είναι και *μέσα μας*, μέσα στην καρδιά και τον νου μας!

Είναι συναρπαστικό και συγκινητικό ταυτόχρονα, το να διαβάζουμε μέσα στη Γραφή, όπως και να βιώνουμε προσωπικά, το πόσο επιθυμεί ο Θεός να έχει μια τέτοια στενή σχέση μαζί μας, και πόσο πολύ νοιάζεται για την αποκατάσταση και τη διατήρηση της. Έκανε τεράστια θυσία για αυτό. Έδωσε για εμάς τον ίδιο τον Υιό του τον μονογενή, τον Ιησού Χριστό!

Πολλοί άνθρωποι, βρήκαν δια της πίστεως στον Ιησού Χριστό και δια της συγχώρεσής του, τον τόπο που πραγματικά ανήκουν, και τον αληθινό τους σκοπό. Αυτό που είχε ορίσει ο Θεός για εμάς από την αρχή: να είμαστε κοντά του, να τον ζούμε καθημερινά, να μαθαίνουμε από Αυτόν, να έχουμε χαρά και ειρήνη στην καρδιά μας, και πληρότητα στη ζωή, καθώς έχουμε κοινωνία μαζί του.

Αλλά ο Θεός δε σταμάτησε εκεί. Πήγε πολύ παραπέρα. Η Αγία Γραφή το αναφέρει ως μυστήριο, το οποίο ήταν κρυμμένο για καιρό, αλλά τώρα αποκαλύφθηκε. Ο Θεός βρήκε έναν τρόπο να είναι όχι μόνο *μαζί μας*, όχι μόνο *γύρω μας*, αλλά και *μέσα* μας! Συνδεδεμένος μαζί μας δια του το Πνεύματός του. Ο Θεός *μέσα μας*!

Είναι το μεγάλο θαύμα που συμβαίνει όταν στραφούμε στον Θεό και του ζητήσουμε ειλικρινά να έρθει στη ζωή μας και να αναλάβει την καθοδήγηση. Το Πνεύμα του Θεού μας *αναγεννά*, και κατοικεί μέσα μας. Αλλαγή και ανανέωση αρχίζει. Και τότε συμβαίνει αυτό που λέει ο Απόστολος Παύλος: «Δεν ζω πια εγώ, αλλά ζει μέσα μου ο Χριστός.».

Είναι δυνατόν να είναι ο Θεός ακόμη πιο κοντά μας, από το να είναι μέσα μας;

Και εγώ, τη δόξα που μου έδωσες, έδωσα σ' αυτούς,
για να είναι ένα, όπως εμείς είμαστε ένα.
Εγώ μέσα σ' αυτούς, και Εσύ μέσα σε μένα, για να είναι μια
τέλεια ενότητα, για να γνωρίζει ο κόσμος ότι Εσύ με
απέστειλες, και τους αγάπησες όπως αγάπησες εμένα.

(Ιησούς Χριστός, κατά Ιωάννην 17: 22-23)

(Έξοδος 29:45-46) (Ψαλμός 139:5)
(κατά Ματθαίον 18:19-20) (κατά Ιωάννην 1:14 και 10:13-15)
(κατά Ιωάννην 14:1-3 και 14:17-26 και 15:1-8)
(προς Α' Κορινθίους 1:9 και 13:12 και 13:16)
(προς Γαλάτας 2:20) (προς Κολοσσαείς 1:26-27)
(προς Β' Τιμόθεον 1:14) (Α' Ιωάννου 1:3 και 4,4)

73. Ο ΘΕΟΣ ΘΕΛΕΙ ΝΑ ΕΝΕΡΓΕΙ ΜΕΣΑ ΜΑΣ ΜΕ ΤΟ ΠΝΕΥΜΑ ΤΟΥ

Υπάρχουν πολλές θετικές συνέπειες στη ζωή μας όταν ο Θεός κατοικεί μέσα μας δια του Πνεύματός του. Για παράδειγμα: Το Πνεύμα του Θεού μας δίνει μια νέα ζωή, μας ανανεώνει, μας καθαρίζει και μας ελευθερώνει. Μας παρηγορεί και μας ενθαρρύνει, μας διδάσκει και μας καθοδηγεί. Μας δίνει δύναμη στη αδυναμία μας και μεσιτεύει το ίδιο για μας, όταν δεν ξέρουμε τι να προσευχηθούμε. Μας κάνει μάρτυρες της αγάπης και του ελέους του Θεού. Μας χαρίζει χαρίσματα και γνώση του Θεού.

Σαν δέντρα που φέρνουν καλούς καρπούς, ζούμε κι εμείς ως παιδιά του Θεού, πώς το Πνεύμα του φέρνει όλο και περισσότερο καλό καρπό μέσα από μας. Αγάπη, χαρά, ειρήνη, μακροθυμία, καλοσύνη, αγαθότητα, πίστη, πραότητα και εγκράτεια. Το Πνεύμα του Θεού είναι ο βοηθός και ο συνοδοιπόρος μας. Η παρουσία του στη ζωή μας είναι η εγγύηση του Θεού ότι μας έχει συγχωρήσει και μας έχει δεχτεί, ότι μας στηρίζει και μας ενισχύει στην υπηρεσία της αγάπης και της αλήθειας.

Τι μεγάλη τιμή και τι πολύτιμο δώρο είναι για εμάς, όταν το Πνεύμα του Θεού κατοικεί μέσα μας! Επιθυμεί να μας διαμορφώσει και να μας αυξήσει όλο και περισσότερο κατά το πρότυπο του Ιησού Χριστού. Το μέρος το δικό μας, είναι να μην αντιστεκόμαστε και να μην φέρνουμε εμπόδιο στο έργο του Πνεύματος του Θεού μέσα μας, ακολουθώντας ασύνετα δικούς μας δρόμους. Είναι καλύτερα να λέμε κι εμείς με σεβασμό τα λόγια του Ιωάννη του Βαπτιστή:

Εκείνος πρέπει να αυξάνει, εγώ δε να μικραίνω.

(κατά Ιωάννην 3:30)

Αν με αγαπάτε, θα τηρήσετε τις εντολές μου, και εγώ θα παρακαλέσω τον Πατέρα, και θα σας δώσει έναν άλλον Παράκλητο, για να είναι μαζί σας στον αιώνα, το Πνεύμα της αλήθειας, το οποίο ο κόσμος δεν μπορεί να λάβει, επειδή ούτε το βλέπει ούτε το γνωρίζει. Εσείς, όμως, το γνωρίζετε, επειδή μαζί σας μένει, και μέσα σας θα είναι.

(κατά Ιωάννην 14:15-17)

(κατά Ματθαίον 10:20) (κατά Λουκάν 12:12)
(κατά Ιωάννη 14:26 και 16:13 και 17:22-23)
(Πράξεις Αποστόλων 1:8)
(προς Ρωμαίους 5:5 και 8:15-17 και 8:26-27)
(προς Α' Κορινθίους 2:9-16 και 6:11 και 12:4)
(προς Β' Κορινθίους 3:17 και 5:5-8) (προς Γαλάτας 5:22)
(προς Εφεσίους 4:30) (προς Α' Θεσσαλονικείς 5:19)
(προς Τίτον 3:4-7)

74. Ο ΘΕΟΣ ΜΑΣ ΑΠΕΛΕΥΘΕΡΩΝΕΙ ΓΙΑ ΝΑ ΓΙΝΟΥΜΕ ΕΛΕΥΘΕΡΟΙ

Τι σημαίνει ελευθερία;

Υπάρχει εξωτερική και εσωτερική ελευθερία. Εξωτερικά, είναι ένας άνθρωπος ελεύθερος όταν μπορεί να σκέφτεται, να πιστεύει και να κάνει αυτό που θέλει, αρκεί να μην βλάπτει κανέναν. Αυτού του είδους η ελευθερία προστατεύεται και διαφυλάσσεται κατά κανόνα κι από τον νόμο. Το να έχει όμως κάποιος *εσωτερική* ελευθερία είναι πολύ διαφορετικό. Άλλο είναι το να ζεις σαν ελεύθερος άνθρωπος, κι άλλο να είσαι μέσα σου ελεύθερος. Ένας ελεύθερος πολίτης μπορεί να είναι εσωτερικά φυλακισμένος, ενώ ένας φυλακισμένος μπορεί να είναι εσωτερικά ελεύθερος.

Όταν το Πνεύμα του Θεού κατοικεί μέσα σε έναν άνθρωπο, τότε αυτός ο άνθρωπος είναι εσωτερικά ελεύθερος. Ο Θεός σπάει τις αλυσίδες και τα δεσμά, με τα οποία τα πάθη και οι επιθυμίες κρατάνε τον άνθρωπο φυλακισμένο. Μας ελευθερώνει από διαστρεβλωμένες αντιλήψεις και λανθασμένες πεποιθήσεις.

Αλλά το πιο σημαντικό είναι, ότι το Πνεύμα του Θεού μάς ελευθερώνει από το «Εγώ». Δεν νιώθουμε πια την ακαταμάχητη ανάγκη, να εκπληρώσουμε τα όνειρα και τις επιθυμίες μας, με κάθε κόστος. Δεν παθαίνουμε πανικό επειδή ο χρόνος περνάει γρήγορα, ενώ εμείς θέλουμε να ζήσουμε τόσα πολλά ακόμα σ' αυτόν τον κόσμο. Όταν το Πνεύμα της ελευθερίας κυριαρχεί μέσα μας, γινόμαστε πιο ήρεμοι, πιο αυτάρκεις, και κερδίζουμε επίσης την ικανότητα να βλέπουμε και τις ανάγκες των ανθρώπων γύρω μας. Έτσι χρησιμοποιούμε συνειδητά την ελευθερία που έχουμε, για να κάνουμε καλό στους άλλους. Αλλάζουν οι αξίες μας, γιατί βλέπουμε αυτόν τον κόσμο με διαφορετικά μάτια, καθώς πιστεύουμε ότι αυτή η ζωή δεν είναι το παν, και ότι ο χρόνος μας δεν τελειώνει εδώ. Σαν παιδιά του Θεού έχουμε αιώνιο μέλλον μαζί του. Και ας μην ξεχνάμε, αυτό που θα ζήσουμε τότε, δεν μπορεί να συγκριθεί με τίποτα από όσα προσφέρει αυτή η ζωή, όσο όμορφη και αν είναι.

Όλα αυτά δείχνουν τα αποτελέσματα της ελευθερίας που θέλει να ενεργήσει ο Θεός μέσα μας. Μια εσωτερική ελευθερία, που δεν εξαρτάται από τις εξωτερικές συνθήκες της ζωής. Μας κάνει καινούργιους και ελεύθερους ανθρώπους, και μας βοηθάει να διατηρήσουμε αυτήν την ελευθερία, ώστε τίποτα και κανείς να μην μπορέσει να μας υποτάξει ξανά σε ζυγό δουλείας.

Ο Θεός μας απελευθερώνει για να γίνουμε ελεύθεροι! Γιατί όπου είναι το Πνεύμα του Κυρίου, εκεί είναι ελευθερία!

Όταν ο Υιός σας ελευθερώσει, τότε θα είστε πραγματικά ελεύθεροι.

(Ιησούς Χριστός, κατά Ιωάννην 8:36)

(προς Ρωμαίους 8:1-17 και 12:2)
(προς Β' Κορινθίους 3:17 και 5:17)
(προς Γαλάτας 5:1 και 6:15) (προς Εφεσίους 4:23-24)
(προς Φιλιππησίους 2:13) (προς Κολοσσαείς 3:9-10)
(Α' Πέτρου 1:23) (προς Τίτον 3:5)

154

75. Ο ΘΕΟΣ ΔΙΩΧΝΕΙ ΤΟΝ ΦΟΒΟ ΚΑΙ ΜΑΣ ΔΙΝΕΙ ΘΑΡΡΟΣ

Ο φόβος είναι ανθρώπινος. Κάθε άνθρωπος φοβάται κάτι. Αν πληκτρολογήσει κανείς „φόβος για…" στο διαδίκτυο, βγαίνουν συνηθισμένα αλλά και πιο παράξενα αποτελέσματα: φόβος για αρρώστια, για θάνατο, για το σκοτάδι, για το μέλλον, για το άγνωστο, φόβος για μικρόβια, για αεροπλάνα, για την οδήγηση, για τον οδοντογιατρό, φόβος για τη γέννα, ακόμη και για πάπιες. Όλα αυτά είναι μικρά και μεγάλα «σύννεφα» που σκοτεινιάζουν τον ουρανό της ζωής μας.

„Μη φοβάσαι!" Αυτά τα λόγια είναι σαν τον λαμπερό ήλιο που διαλύει το σκοτάδι και την ομίχλη. Λόγια κατευθείαν από το στόμα του Θεού, που δίνουν θάρρος και ελπίδα. Δεν είναι απλά μια καλοπροαίρετη προτροπή χωρίς βάση και ουσία. Το „Μη φοβάσαι!" που λέει ο Θεός συνοδεύεται από τις αληθινές υποσχέσεις του, οι οποίες βασίζονται πάνω στη θεϊκή του Δύναμη και στην Πιστότητα του.

Μη φοβάσαι, γιατί Αυτός είναι η ασπίδα σου!

Μη φοβάσαι, γιατί σε βλέπει και σε ακούει!

Μη φοβάσαι, γιατί Αυτός είναι μαζί σου όπου κι αν πας!

Μη φοβάσαι, γιατί ο Κύριος ο Θεός σου δεν θα σε αφήσει, ούτε θα σε εγκαταλείψει!

Μη φοβάσαι, γιατί αυτοί που είναι με το μέρος σου είναι περισσότεροι από αυτούς που είναι εναντίον σου!

Η τέλεια αγάπη διώχνει κάθε φόβο. Αυτή την τέλεια αγάπη τη βρίσκουμε στον Θεό. Κι επειδή Εκείνος μας αγαπά με μια τέλεια αγάπη, μπορούμε να αφεθούμε στα χέρια του με εμπιστοσύνη. Και θα ζήσουμε ότι η Αγάπη του Θεού γεμίζει και πλουτίζει τη ζωή μας!

Δεν λάβατε πνεύμα δουλείας, ώστε να φοβόσαστε πάλι,
αλλά λάβατε πνεύμα υιοθεσίας, με το οποίο κράζουμε:
Αββά, Πατέρα!

(προς Ρωμαίους 8:15)

Φόβος δεν υπάρχει μέσα στην αγάπη,
αλλά, η τέλεια αγάπη έξω βγάζει τον φόβο.

(κατά Ιωάννην 4:18)

(Γένεσις 15:1 και 21:17 και 26:24) (Ιησούς του Ναυή 1:9)
(Β' Βασιλέων 6:16) (Α' Χρονικών 28:20) (προς Ρωμαίους 8:15)
(προς Α' Κορινθίους 16:13) (προς Β' Τιμόθεον 1:7)
(Α' Ιωάννου 4:18)

76. Η ΑΓΑΠΗ ΤΟΥ ΘΕΟΥ ΕΙΝΑΙ Ο ΠΙΟ ΔΥΝΑΤΟΣ ΔΕΣΜΟΣ

Η αγάπη είναι η τέλεια σύνδεση, ο «σύνδεσμος της τελειότητας». Όσον αφορά την αγάπη του Θεού, δεν υπάρχει πιο ισχυρή, πιο σταθερή, και πιο μακροχρόνια σύνδεση. Είναι ο Ύψιστος, ο Ισχυρός, ο Αιώνιος, ο Παντοδύναμος αυτός που μας αγαπά. Γι' αυτό είναι και η Αγάπη του η πιο υψηλή και η πιο ισχυρή αγάπη. Αγάπη παντοτινή.

Τίποτα δεν μπορεί να μας χωρίσει από αυτήν. Και το πιο ωραίο είναι, ότι μπορούμε να την γευτούμε καθημερινά, όπου κι αν βρισκόμαστε. Όσο περισσότερο κατανοούμε την διάσταση της αγάπης του Θεού, τόσο περισσότερο κερδίζει αυτή τις καρδιές μας, και τόσο περισσότερο μεγαλώνει η ευγνωμοσύνη και η αφοσίωσή μας στον Θεό.

Όταν κοιτάμε απλά, με τα μάτια ενός παιδιού, αναγνωρίζουμε πόσο ξεκάθαρα δείχνει ο ουράνιος Πατέρας την μεγάλη Αγάπη του. Είναι μαζί μας και δε μας αφήνει, μας χαρίζει δώρα καθημερινά, πάντα μας ακούει, πάντα μας βλέπει, πάντα μας σκέφτεται. Κανείς δεν μας γνωρίζει όπως Αυτός, και παρόλο που ξέρει τα λάθη και τις ατέλειές μας, είμαστε αγαπητοί και επιθυμητοί στα μάτια του. Τόσο, που ο Θεός έγινε άνθρωπος και πέθανε για τις αμαρτίες μας, για να ζήσουμε εμείς αιώνια διαμέσου Αυτού. Είθε αυτή η μοναδική αγάπη του Θεού να γεμίσει την καρδιά μας και να μας δίνει πάντα φτερά, να μπορούμε να πετάμε πάνω από τα σύννεφα που πολλές φορές σκοτεινιάζουν τον ουρανό της ζωής μας!

Ο Θεός μας τυλίγει σφιχτά με Αγάπη που είναι ο πιο ισχυρός και ο πιο τέλειος σύνδεσμος. Ας ανταποκριθούμε λοιπόν κι εμείς με «αγάπη εξ όλης της καρδιάς, εξ όλης της ψυχής, εξ όλης της διάνοιας, και εξ όλης της δύναμής μας»!

Εάν ο Θεός είναι υπέρ ημών, ποιος μπορεί να είναι εναντίον μας; Αυτός που δεν δίστασε να θυσιάσει τον ίδιο Του τον Υιό, αλλά τον παρέδωσε για χάρη μας, πώς δεν θα μας χαρίσει μαζί με Αυτόν τα πάντα;

Ποιος θα κατηγορήσει τους εκλεκτούς του Θεού; Ο Θεός είναι Αυτός που τους δικαιώνει. Ποιος είναι εκείνος που θα τους καταδικάσει; Ο Χριστός, που πέθανε, ναι, μάλιστα αναστήθηκε, κάθεται στα δεξιά του Θεού και μεσιτεύει υπέρ ημών.

Τι μπορεί να μας χωρίσει από την αγάπη του Χριστού; Θλίψη ή στενοχώρια ή διωγμός, πείνα ή γυμνότητα, κίνδυνος ή μάχαιρα; Σε όλα αυτά, υπερνικούμε δι Αυτού που μας αγάπησε.

Διότι είμαι πεπεισμένος, ότι ούτε θάνατος ούτε ζωή, ούτε άγγελοι ούτε εξουσίες, ούτε το παρόν, ούτε το μέλλον, ούτε ύψος, ούτε βάθος, ούτε καμία άλλη κτίση μπορεί να μας χωρίσει από την αγάπη του Θεού, που είναι εν Χριστώ Ιησού, του Κυρίου μας.

(προς Ρωμαίους 8:31-39)

 (κατά Ιωάννην 3:16-17) (προς Εφεσίους 3:18-19)
(προς Κολοσσαείς 3:14) (Α' Ιωάννου 4:9-10)

77. Ο ΘΕΟΣ ΕΙΝΑΙ ΘΕΟΣ ΖΗΛΟΤΥΠΟΣ ΓΙΑ ΤΟΥΣ ΔΙΚΟΥΣ ΤΟΥ

Ο Θεός είναι ζηλότυπος; Ακούγεται αυτό εντελώς παράξενο, αν όχι παράλογο, για όσους πιστεύουν ότι ο Θεός είναι ένα απόμακρο και απρόσιτο ον, που μόνο κοιτάζει από ψηλά τα μικρά ανθρωπάκια, χωρίς ιδιαίτερο ενδιαφέρον, να επέμβει στη ζωή τους.

Όμως το ότι ο Θεός είναι *ζηλότυπος*, ότι έχει ζήλο για του δικούς του, δείχνει πως δεν είναι καθόλου αδιάφορος και πως επιθυμεί να έχει σχέση με τους ανθρώπους. Διότι μόνο μέσα σε μια σχέση μπορεί να υπάρξει ζηλοτυπία. Και πράγματι, υπάρχουν πολλοί άνθρωποι που ζουν σε στενή σχέση με τον Θεό. Ανήκουν στην οικογένειά του. Έχουν συνάψει διαθήκη με τον Θεό, έχουν γίνει παιδιά του. Άνθρωποι τέτοιοι υπήρχαν πάντα και υπάρχουν ακόμα.

Αλλά γιατί η ζηλοτυπία, ή καλύτερα ο ζήλος;

Σε κάθε στενή σχέση, είτε γάμος, είτε σχέση γονέα-παιδιού, είτε φιλία, παίζει μεγάλο ρόλο η αγάπη, η αφοσίωση, και η εμπιστοσύνη, και από τις δυο πλευρές. Όσοι ενοχλούν και φέρνουν απ' έξω προβλήματα σε αυτή τη σχέση δεν είναι καθόλου ευπρόσδεκτοι. Αυτό ισχύει για τις σχέσεις ανάμεσα στους ανθρώπους, και ισχύει και για τη σχέση μεταξύ Θεού και ανθρώπων. Ο Θεός έχει ζήλο για αυτούς που του ανήκουν, γιατί θέλει να έχει ανενόχλητη κοινωνία μαζί τους. Θέλει να τους προστατεύσει, να τους στηρίξει, να τους οδηγήσει, να και τους φέρει σίγουρα στον προορισμό τους, όπου θα ζήσουν για πάντα. Με συνέπεια να μην μένει άπραχτος ο Θεός, αλλά να παρεμβαίνει αποφασιστικά, όταν κάποιος ή κάτι ενοχλεί και εμποδίζει.

Αυτό δείχνει το μέγεθος της αγάπης του Θεού. Και για εκείνους που ανήκουν σε Αυτόν, που είναι παιδιά του, σημαίνει ότι δεν υπάρχει πιο σίγουρος τόπος για αυτούς, από το να είναι κοντά στον παντοδύναμο Θεό και Πατέρα τους, που τους περιβάλει με ζήλο και αφοσίωση.

Επίβλεψε από τον ουρανό, από την κατοικία της αγιότητάς και της δόξας σου! Πού είναι ο ζήλος Σου και η δύναμή Σου, το πλήθος του ελέους Σου και των οικτιρμών Σου;
Εσύ, βέβαια, είσαι ο Πατέρας μας. Το όνομά Σου είναι από πάντα: Λυτρωτής μας!

(Ησαΐας 63:15-16)

(Έξοδος 20:5) (Δευτερονόμιον 4:24 και 6:15 και 32:16)
(Α' Βασιλέων 14:22) (Ψαλμός 78:58) (Ιωήλ 2:18)
(προς Α' Κορινθίους 10:22)

78. Ο ΘΕΟΣ ΜΑΣ ΚΑΤΑΛΑΒΑΙΝΕΙ

Ο Θεός έχει κατανόηση, δείχνει επιείκεια σε μας, γιατί γνωρίζει τις αδυναμίες και τα ελαττώματά μας. Βλέπει τους αγώνες, τις προκλήσεις και τις απογοητεύσεις μας. Και ξέρει τους πειρασμούς μας, γιατί ο ίδιος ο Χριστός, ο Υιός του Θεού, έγινε άνθρωπος σαν εμάς. Βίωσε από πρώτο χέρι τι σημαίνει ανάγκη και πόνος. Πειράχτηκε, αντιστάθηκε στο κακό, και νίκησε! Αλλά έζησε κι ο ίδιος, ότι το να παλεύεις και να νικάς κάθε άλλο παρά εύκολο είναι. Γι' αυτό μπορεί ο Χριστός να συμπάσχει με μας και να μας καταλαβαίνει απόλυτα.

Είναι πολύ μεγάλη παρηγοριά, ότι ο Θεός γνωρίζει απόλυτα τις ανασφάλειές μας, τα συμπλέγματά μας, τις εμπειρίες και επιρροές στη ζωή μας, ώστε μας καταλαβαίνει πολύ καλύτερα, απ' ότι εμείς οι ίδιοι τον εαυτό μας! Και είναι πολύ ανακουφιστικό πως γι' αυτόν τον λόγο ο Θεός επίσης γνωρίζει ακριβώς που να πατήσει, ώστε να φέρει μέσα μας την ανακαίνιση και την αλλαγή για την οποία προσευχόμαστε!

Μέσω της σωτηρίας που ολοκλήρωσε ο Ιησούς Χριστός, και μέσω της πίστης μας σ' Αυτόν, μπορούμε πάντα να έχουμε πρόσβαση στον Θεό και να τον βιώσουμε ως στοργικό μας Πατέρα. Η βεβαιότητα ότι Εκείνος μας γνωρίζει μέσα κι έξω, κι ότι βλέπει τις σκοτεινές γωνιές μας, αλλά εξακολουθεί να μας αποδέχεται και να μας αγαπά, είναι ένας ισχυρός πυλώνας που στηρίζει και αυξάνει την πίστη και εμπιστοσύνη μας στον Θεό.

Δεν έχουμε αρχιερέα, ο οποίος να μην μπορεί να συμπαθήσει στις αδυναμίες μας, αλλά έναν που έχει δοκιμαστεί σε όλα, όπως εμείς, χωρίς αμαρτία.
Ας προσερχόμαστε λοιπόν με παρρησία στον θρόνο της χάρης, για να λάβουμε έλεος και χάρη και να βρούμε βοήθεια τη σωστή ώρα.

(Προς Εβραίους 4:15-16)

(Ψαλμός 103:13-14) (Ησαΐας 53:4) (κατά Ματθαίον 8:17) (προς Εβραίους 2:17-18) (Ιακώβου 5:11)

79. Ο ΘΕΟΣ ΜΑΣ ΑΦΗΝΕΙ ΕΛΕΥΘΕΡΟΥΣ ΑΛΛΑ ΔΕΝ ΜΑΣ ΕΓΚΑΤΑΛΕΙΠΕΙ

Το να είμαστε μαζί με εκείνους που αγαπάμε είναι ένα πολύ όμορφο συναίσθημα και μια μεγάλη ευλογία. Αν γινόταν θα θέλαμε να κρατήσουμε αυτούς τους ανθρώπους κοντά μας και να διώξουμε τις σκέψεις μακριά ότι κάποια στιγμή θα τους στερηθούμε.

Το να μπορούμε να αφήνουμε κάτι ή κάποιον ελεύθερο και το να μην είμαστε υπερβολικά προσκολλημένοι, είναι σίγουρα σημαντικό. Όλοι πρέπει να το μάθουμε. Όμως, μερικές φορές ο χωρισμός συμβαίνει ξαφνικά και απρόβλεπτα και μπορεί να είναι πολύ επώδυνος.

Ακριβώς έτσι το ζει ένας πατέρας σε μια ιστορία που αφηγείται ο Ιησούς Χριστός. Όλο στεναχώρια ο πατέρας αυτός αφήνει τον γιο του να πάρει τον δρόμο του, υπομένοντας για πολύ καιρό την αβεβαιότητα για το πώς είναι το παιδί του. Από τη μια η ελπίδα και από την άλλη η αγωνία τον συνοδεύουν καθημερινά, ώσπου μια μέρα ο γιός γυρνά πάλι στο πατρικό του σπίτι, και η ιστορία που ξεκίνησε με λύπη, τελειώνει με χαρά και ευτυχία. Την βρίσκουμε στην Καινή Διαθήκη, στο Ευαγγέλιο του Λουκά, κεφάλαιο 15, εδάφια 11–24. Είναι γνωστή ως «η Παραβολή του άσωτου υιού», αλλά θα μπορούσαμε να την ονομάσουμε επίσης: «η Παραβολή του θαυμάσιου πατέρα». Θαυμάσιος, επειδή αυτός ο πατέρας δίνει μεν ελευθερία αλλά δεν εγκαταλείπει. Θαυμάσιος, επειδή η μεγάλη του αγάπη περιμένει, και η πόρτα της καρδιάς και του σπιτιού του παραμένει ανοιχτή.

Αντιλαμβανόμαστε ότι ο Ιησούς Χριστός, μέσα από αυτή την ιστορία μιλάει για τον Θεό Πατέρα;

Ο Θεός αγαπάει τα παιδιά του, αλλά τους αφήνει επίσης την ελευθερία να πάρουν αποφάσεις, ακόμη κι όταν αυτές είναι επιπόλαιες και λανθασμένες. Και παρόλα αυτά ο Θεός περιμένει, ώστε να συγχωρέσει και να ανορθώσει, αυτόν που θα καταλάβει το λάθος του και θα επιτρέψει.

Ο Θεός ποτέ δεν θα αρνηθεί μια καρδιά, που παρά τις πολλές περιπλανήσεις βρήκε τον δρόμο πίσω σ' Αυτόν και τον παρακαλεί ταπεινά για έλεος και συγχώρεση. Με μεγάλη χαρά θα δείξει ο Θεός την αγάπη του σ' αυτόν τον άνθρωπο και θα τον δεχτεί για πάντα στο σπίτι του.

Από μακριά είδε ο πατέρας τον γιό του και τον σπλαχνίστηκε. Τρέχοντας τον αγκάλιασε και τον καταφιλούσε. Τότε ο γιος είπε: «Πατέρα, αμάρτησα ενάντια στον ουρανό και μπροστά σου. Δεν είμαι πια άξιος να λέγομαι γιος σου.»
Αλλά ο πατέρας φώναξε: «Ο γιος μου ήταν νεκρός και τώρα ζει ξανά! Ήταν χαμένος και τώρα βρέθηκε!»
Και όλοι γέμισαν μεγάλη χαρά.

(κατά Λουκάν 15:20-24)

(Ψαλμός 23) (Ησαΐας 43:2-3) (κατά Λουκάν 15:10)
(Πράξεις Αποστόλων 3:19 και 14:16) (προς Ρωμαίους 2:4)
(προς Γαλάτας 5:13) (Α' Πέτρου 2:16)

80. Ο ΘΕΟΣ ΕΙΝΑΙ ΜΑΖΙ ΜΑΣ ΣΤΙΣ ΚΑΛΕΣ ΚΑΙ ΣΤΙΣ ΔΥΣΚΟΛΕΣ ΣΤΙΓΜΕΣ

Οι καλές στιγμές! Και ποιος δεν τις χαίρεται; Τότε είναι οι ώρες που μπορούμε να απολαύσουμε τr ζωή μας μαζί με αυτούς που αγαπάμε, και να κάνουμε σχέδια για το μέλλον μας. Και καθώς το μυαλό μας είναι ελεύθερο από σοβαρά προσωπικά θέματα, μπορούμε σ' αυτές τις καλές περιόδους της ζωής μας να προσφέρουμε σ' άλλους βοήθεια και να βαστάξουμε ο ένας τα βάρη του αλλουνού. Έτσι γινόμαστε χρήσιμα όργανα, που μπορεί να χρησιμοποιήσει ο Θεός, ώστε να φέρει καλό και στους γύρω μας.

Αλλά υπάρχουν και οι δύσκολες στιγμές, όταν αντιμετωπίζουμε προβλήματα, χωρίς απαραίτητα να φαίνεται μια λύση στον ορίζοντα. Τότε είναι οι ώρες πrυ πρέπει να ασκήσουμε εμπιστοσύνη ότι ο Θεός βλέπει και ότι Εκείνος θα παρέμβει στην κατάλληλη στιγμή.

Ο Θεός είναι μαζί μας και στις δύσκολες ώρες και στηρίζει όσους τον ζητούν με ταπεινή καρδιά και ειλικρίνεια. Αν είμαστε παιδιά του Θεού που του έχουν παραδώσει συνειδητά την καθοδήγηση της ζωής τους, τότε θα ζήσουμε, πrως ο Θεός χρησιμοποιεί τις δύσκολες στιγμές, για να δυναμώσει την πίστη μας, να πλάσει τον εσωτερικό μας άνθρωπο, και να μας καθοδηγήσει κατά το σοφό του σχέδιο.

Ιδιαίτερα στις δύσκολες στιγμές βιώνουμε την φροντίδα και τη δύναμη του Θεού με έναν ξεχωριστό τρόπο, γιατί Αυτός μπορεί μέσα από κάθε δύσκολη κατάσταση να δημιουργήσει κάτι καλό για τα παιδιά του. Μπορεί ο δρόμος μας να φαίνεται μακρύς και ανηφορικός, αλλά τον περπατάμε χέρι-χέρι με τον Πατέρα μας. Και κάθε δρόμος έχει κάποτε ένα τέλος. Ακόμη και αυτός που περνάει μέσα από την πιο σκοτεινή κοιλάδα.

Και σε κοιλάδα σκιάς θανάτου αν περπατήσω, δεν θα φοβηθώ κακό, γιατί Εσύ είσαι μαζί μου. Η ράβδος Σου και η βακτηρία Σου, αυτές με παρηγορούν.

(Ψαλμός 23:4)

(Ψαλμός 7:10) (Ψαλμός 55:16-18) (Ψαλμός 68:20)
(Ψαλμός 121) (Ψαλμός 145:18-19)
(Ησαΐας 40:28-29 και 58:6-7) (Ιερεμίας 15:20)
(Αββακούμ 3:17-18) (Σοφονίας 3:17)
(Πράξεις Αποστόλων 26:22) (προς Ρωμαίους 8:28)
(προς Β' Κορινθίους 12:9)

81. Ο ΘΕΟΣ ΜΠΟΡΕΙ ΤΑ ΠΑΝΤΑ ΑΛΛΑ ΔΕΝ ΚΑΝΕΙ ΤΑ ΠΑΝΤΑ

Μπορεί ο Θεός να κάνει τα πάντα; Για μερικούς η απάντηση είναι ένα ξεκάθαρο Ναι, ενώ για άλλους ακολουθεί άμεσα η ερώτηση: Αν ο Θεός μπορεί να κάνει τα πάντα, γιατί τότε πολλές φορές δεν κάνει κάτι; Είναι μια δικαιολογημένη ερώτηση αυτή, που ίσως κρύβει κάποιο παράπονο ή και κάποια μομφή. Είναι όμως αυτή η ερώτηση σωστή έτσι όπως είναι διατυπωμένη; Γιατί στην πραγματικότητα, πρόκειται για δύο ερωτήσεις: Η πρώτη: μπορεί ο Θεός να κάνει τα πάντα; Και η δεύτερη: γιατί πολλές φορές ο Θεός δεν κάνει κάτι;

Η Αγία Γραφή αναφέρει σε πολλά σημεία ότι ο Θεός είναι παντοδύναμος και παντοκράτορας. Με το λόγο του δημιούργησε ολόκληρο το σύμπαν. Και μόνο Αυτός έχει την ικανότητα να παρακάμψει τους φυσικούς νόμους που ο ίδιος έθεσε και να πραγματοποιήσει θαύματα. Επιπλέον, πολλοί άνθρωποι έχουν την εμπειρία ότι ο Θεός κρατάει τον έλεγχο στα χέρια του, επεμβαίνει συχνά σε αδιέξοδες καταστάσεις και δίνει απρόβλεπτες και ξαφνικές λύσεις. Ναι, ο Θεός μπορεί!

Γιατί, λοιπόν, δεν ενεργεί πάντα;

Ισχύει αυτό σίγουρα ή είναι η αντίληψή μας λανθασμένη; Ίσως δεν κοιτάμε σωστά. Ίσως είναι τα μάτια μας θολά, γιατί ζητάμε να μας δώσει ο Θεός ό,τι ακριβώς θέλουμε, την ώρα που το θέλουμε. Κι αν αυτό δε γίνει, τότε νομίζουμε ότι δεν κάνει ο Θεός απολύτως τίποτα. Ίσως επίσης να μην βλέπουμε ότι δουλεύει ο Θεός, επειδή ενεργεί διαφορετικά απ' ότι εμείς περιμένουμε, ή επειδή Αυτός εργάζεται κάτω από την επιφάνεια, ώστε να μην είναι ακόμη σε μας φανερό το τι κάνει.

Υπάρχουν ωστόσο και καταστάσεις στις οποίες ο Θεός όντως δεν ενεργεί άμεσα, και που ενώ μπορεί τα πάντα, δεν κάνει τα πάντα.

Για παράδειγμα, όταν θέλει να δώσει ο Θεός στους ανθρώπους χρόνο για να καταλάβουν κάποια πράγματα και να αναθεωρήσουν τον τρόπο σκέψης τους. Να τους δώσει ευκαιρία να αναγνωρίσουν τα λάθη τους και να επιστρέψουν από τους λανθασμένους δρόμους τους. Εμείς ίσως το λέμε αυτό *απραξία*, ο Θεός όμως το αποκαλεί *έλεος*!

Κάποιες φορές είναι η έλλειψη εμπιστοσύνης μας αυτό που εμποδίζει το χέρι του Θεού. Η πίστη μπορεί να κάνει θαύματα, αλλά η απιστία συχνά τα εμποδίζει. Άλλες φορές ζητάμε πράγματα από τον Θεό με λανθασμένα κίνητρα. Υπάρχουν επίσης και περιπτώσεις που ζητάμε κάτι από τον Θεό το οποίο δεν είναι καλό για μας ή δεν είμαστε ακόμα έτοιμοι να το λάβουμε.

Δεν μπορούμε τελικά να καθορίσουμε εμείς αντί για τον Θεό το *τι*, το *πότε*, και το *πώς*. Όμως μπορούμε να φέρνουμε τα αιτήματά μας μπροστά του με εμπιστοσύνη, ότι Εκείνος ξέρει *τι* να κάνει, *πότε* να το κάνει, και *πώς* να το κάνει. Η σοφία και η δύναμή του είναι ανεξάντλητες, και μπορούμε να είμαστε σίγουροι ότι έχουμε έναν Θεό αγάπης που χαίρεται να δίνει πλουσιοπάροχα!

> *Αυτός μίλησε και έγιναν.*
> *Αυτός διέταξε και χτίστηκαν.*
>
> *(Ψαλμός 33:9)*

> *Ο ουράνιος Πατέρας σας θα δώσει αγαθά σ' αυτούς που ζητούν απ' Αυτόν.*
>
> *(Ιησούς Χριστός, κατά Ματθαίον 7:11)*

(Γένεσις 17:1 και 35:11) (Ιώβ 42:2) (Ψαλμός 135:6)
(Ιερεμίας 32:17) (κατά Ματθαίον 13:58)
(προς Β' Κορινθίους 6:18) (προς Εφεσίους 3:20)
(Αποκάλυψη Ιωάννου 1:8)

82. Ο ΘΕΟΣ ΜΑΣ ΕΞΟΠΛΙΖΕΙ ΓΙΑ ΤΟΝ ΑΓΩΝΑ

Για ποιον αγώνα; Για τον αγώνα ενάντια στις δυσκολίες και στα χτυπήματα της μοίρας, για τον αγώνα για επιτυχία, για ευτυχία; Για τη μάχη ενάντια στα εμπόδια που βρίσκουμε στη ζωή μας; Ή για τον εσωτερικό μας αγώνα;

Υπάρχουν πολλά είδη αγώνων στη ζωή μας. Εμείς τους βλέπουμε με τα ανθρώπινα μάτια μας, όμως για τον Θεό, αυτοί οι αγώνες δεν έχουν πάντα μόνο ανθρώπινη προέλευση. Ιδιαίτερα όταν αγωνιζόμαστε να κρατήσουμε την πίστη μας στον Θεό και να ζούμε κατά το θέλημά του.

Στην Επιστολή προς Εφεσίους διαβάζουμε: «Ο αγώνας μας δεν είναι ενάντια σε σάρκα και αίμα, αλλά ενάντια σε εξουσίες και δυνάμεις, ενάντια στους κοσμοκράτορες αυτού του σκοτεινού κόσμου, ενάντια στα πονηρά πνεύματα στα επουράνια.». Υπάρχουν καταστροφικές δυνάμεις που δεν είναι από αυτόν τον κόσμο. Εχθρικές δυνάμεις που προσπαθούν να μας στήσουνε παγίδες, και να μας περιπλανήσουν. Που χρησιμοποιούν τις αδυναμίες και τα πεσίματά μας για να μας κάνουν να χάσουμε το θάρρος μας και την εμπιστοσύνη μας στον Θεό, ώστε να παραιτηθούμε. και να φύγουμε από τον σωστό δρόμο.

Δεν μπορούμε να φανταστούμε πόσο συχνά κρύβονται τέτοιες *πνευματικές μάχες* πίσω απ' τους αγώνες μας. Όμως, ο Θεός τα γνωρίζει όλα. Γι' αυτό και μας δίνει μια πανοπλία που είναι η μόνη πραγματικά αποτελεσματική ενάντια στα φλογερά βέλη αυτών των σκοτεινών δυνάμεων. Στην Επιστολή προς Εφεσίους, κεφάλαιο 6 και εδάφια 11-18, γράφει ο Απόστολος Παύλος μεταφορικά για την πνευματική πανοπλία, που προστατεύει αυτούς που ανήκουν στον Θεό.

Η ζώνη της αλήθειας: Η αλήθεια του Θεού, τα λόγια του που διαβάζουμε στην Γραφή, και τα λόγια του Κυρίου Ιησού Χριστού, είναι αυτό που μας χαρακτηρίζει και επίσης μας στηρίζει, όπως η ζώνη στη μέση ενός Ρωμαίου στρατιώτη.

Ο θώρακας της δικαιοσύνης: Ο Θεός βλέπει τους δικούς του ως *δικαίους,* που είναι το αντίθετο από αμαρτωλούς, όχι επειδή είναι αναμάρτητοι, αλλά επειδή δικαιωθήκανε χάρη της πίστης τους στον Ιησού Χριστό. Το ότι ο Θεός μας δέχεται χωρίς να πρέπει πρώτα να κερδίσουμε την εύνοια και την αγάπη του, προστατεύει την καρδιά μας και τον εσωτερικό μας άνθρωπο, όταν ο εχθρός της ψυχής μας μάς κατακρίνει και μας καταδικάζει, για να μας απελπίσει.

Η ασπίδα της πίστης: Η πίστη στον Θεό και στις υποσχέσεις του είναι η ασπίδα που μας προστατεύει από τα βέλη αμφιβολίας, κατηγορίας, φόβου, στεναχώριας, και αποθάρρυνσης, που εκτοξεύει ο εχθρός. Είναι ο Ύψιστος και ο Ισχυρός αυτός που μας περιφρουρεί και μας υπερασπίζει. Τοποθετεί την πίστη μας σαν ασπίδα μπροστά μας, και πολεμάει μέχρι νίκης στο πλευρό μας.

Η περικεφαλαία της σωτηρίας: Όπως η περικεφαλαία προστατεύει το κεφάλι, έτσι προστατεύει η σωτηρία, που μας χαρίζει ο Ιησούς Χριστός μέσω του θανάτου και της ανάστασής του, τις σκέψεις μας. Ο φόβος για μια αιώνια τιμωρία διαλύεται. Κακία, πλεονεξία, βλαβερά πάθη και ακαθαρσία δεν βρίσκουν εύκολα έδαφος στις σκέψεις μας. Γιατί η πίστη στη σωτηρία που έκανε για μας ο Χριστός, και η πίστη σ' ένα αιώνιο μέλλον μαζί του, μας δίνει μια καινούργια προοπτική. Αλλάζει τις επιθυμίες και προτεραιότητες μας. Και αυτό προστατεύει τον νου και τις σκέψεις μας από τις καταστροφικές επιρροές του εχθρού και από τα θανατερά του βέλη.

Η μάχαιρα του Πνεύματος: Το όπλο μας είναι ο λόγος του Θεού, κοφτερός και διεισδυτικός, που απαλλάσσει από σύγχυση, και φέρνει τάξη σε συναισθήματα και σκέψεις. Ο λόγος του Θεού και η προσευχή είναι ισχυρά όπλα που καθαιρούν ακλόνητες αντιλήψεις, και επιβάλλουν υποταγή σε κάθε σκέψη και νόημα που υψώνεται αλαζονικά ενάντια στον Θεό.

Τα υποδήματα στα πόδια μας: Για να είμαστε έτοιμοι κάθε στιγμή να κηρύξουμε την καλή αγγελία της ειρήνης. Ειρήνη σ' έναν μελλοντικό κόσμο, όταν επιστρέψει ο Χριστός, αλλά και ειρήνη μέσα στον εσωτερικό άνθρωπο, ήδη σ' αυτόν τον κόσμο. Γιατί ο Θεός απελευθερώνει από ενοχές, φόβους, και πάθη, τον καθένα που με ειλικρίνεια και μετάνοια ζητήσει ατό Εκείνον συγχώρεση και λύτρωση. Ο Θεός φέρνει ειρήνη! Ας είμαστε έτοιμοι να αναγγείλουμε αυτό το ελπιδοφόρο μήνυμα!

Ο αγώνας μας δεν είναι ενάντια σε σάρκα και αίμα, αλλά ενάντια σε αόρατες σκοτεινές δυνάμεις, με υπεροχή. Όμως η πανοπλία που μας δίνει ο Θεός μάς προστατεύει από αυτούς τους ισχυρούς εχθρούς.

Ο αγώνας συνεχίζεται μέχρι να ζούμε. Όμως, δεν είμαστε μόνοι. Αν είμαστε παιδιά του Θεού και πιστοί ακόλουθοι του Ιησού Χριστού, στεκόμαστε στην πλευρά του νικητή. Και τώρα και για πάντα!

Καθετί που είναι γεννημένο από τον Θεό, νικά τον κόσμο. Κα αυτή είναι η νίκη που νίκησε τον κόσμο, η πίστη μας.

(Α' Ιωάννου 5:4)

(κατά Ματθαίον 7:7-8) (προς Β' Κορινθίους 10:4-5)
(προς Εφεσίους 6 11-18) (προς Α' Θεσσαλονικείς 5:8)
(προς Εβραίους 4:12)

83. Ο ΘΕΟΣ ΑΜΕΙΒΕΙ ΤΟΥΣ ΑΚΟΥΡΑΣΤΟΥΣ

Κάποτε σε μια πόλη υπήρχε ένας δικαστής, ο οποίος ούτε τον Θεό φοβόταν ούτε άνθρωπο ντρεπόταν. Εκεί ζούσε και μια χήρα, που συνέχεια ερχόταν στον δικαστή και του ζήταγε ξανά και ξανά να την βοηθήσει να βρει το δίκιο της. Για πολύ καιρό αυτός αρνιόταν, αλλά κάποια στιγμή είπε μέσα του: «Αν και ούτε τον Θεό φοβάμαι, ούτε και άνθρωπο ντρέπομαι, ας βοηθήσω αυτή τη χήρα, για να μην έρχεται συνέχεια και με ταλαιπωρεί!»

Την παραβολή αυτή την είπε ο Χριστός για να δείξει πόσο σημαντικό είναι επιμένουμε στην προσευχή και να μην απογοητευόμαστε. Να μην εξασθενούμε, ακόμη κι αν χρειαστεί να φέρουμε στον Θεό ξανά και ξανά το ίδιο αίτημα, για πολύ καιρό. Η χήρα σ' αυτήν την ιστορία δεν τα παράτησε εύκολα, και τελικά εισακούστηκε, παρά το γεγονός ότι ο δικαστής ήταν σκληρός και αδιάφορος. Πόσο μάλλον πρέπει εμείς να έχουμε εμπιστοσύνη, ότι ο Θεός που είναι γεμάτος έλεος και ενδιαφέρεται για μας, θα ανταποκριθεί στις προσευχές των δικών του;

Δεν ξέρουμε το πότε και το πώς θα απαντήσει ο Θεός. Αλλά μπορούμε να είμαστε σίγουροι, ότι Αυτός πάντα βλέπει την υπομονή μας και πάντα ακούει τα αιτήματά μας. Πολλοί άνθρωποι προσεύχονται πιστά για κάτι μια ολόκληρη ζωή, και κάποιοι έφυγαν απ' αυτόν τον κόσμο πριν προλάβουν να δουν την απάντηση του Θεού. Πολλές προσευχές φέρνουν αποτελέσματα μετά από μεγάλο διάστημα. Γι' αυτό είναι σημαντικό να εμπιστευόμαστε τον Θεό και να αφήνουμε τα πάντα στα χέρια του, χωρίς να αμφιβάλουμε, να απογοητευόμαστε, να κουραζόμαστε και τελικά να τα παρατάμε!

Το «στην προσευχή προσκαρτερείτε!» σίγουρα δεν είναι εύκολο! Αλλά είναι αυτές οι ώρες που χρησιμοποιεί ο Θεός για να αυξήσει την πίστη και την υπομονή των δικών του, και να τους μάθει να ζουν με απόλυτη εμπιστοσύνη στη σοφία και πρόνοιά του. Διότι Εκείνος έχει τα πάντα υπό έλεγχο. Οι δυνατότητές του είναι ανεξάντλητες.

Ας ελπίζουμε λοιπόν και ας επιμένουμε στην προσευχή! Γιατί ο Θεός βέβαια θα ανταμείψει τους Ακούραστους!

> *Χωρίς δε πίστη είναι αδύνατο να ευαρεστήσει κάποιος τον Θεό. Γιατί αυτός που προσέρχεται στον Θεό πρέπει να πιστεύει ότι Αυτός είναι, και ότι γίνεται μισθαποδότης σ' όσους Τον εκζητούν.*
>
> *(προς Εβραίους 11:6)*

(κατά Ματθαίον 5:4 και 7:11) (κατά Λουκάν 8:15 και 18:1-8)
(προς Ρωμαίους 12:12) (προς Γαλάτας 6:9)
(προς Φιλιππησίους4:6-7) (προς Β' Θεσσαλονικείς 3:5)
(Ιακώβου 1:3)

84. Ο ΘΕΟΣ ΔΙΝΕΙ ΝΙΚΗ ΑΚΟΜΑ ΚΙ ΟΤΑΝ ΚΑΤΙ ΜΑΣ ΕΡΧΕΤΑΙ ΞΑΦΝΙΚΑ

Η ιστορία του Δαβίδ και του Γολιάθ πρέπει να είναι σε πολλούς γνωστή. Αναφέρεται στη Αγία Γραφή, στο πρώτο Βιβλίο του Σαμουήλ, στο κεφάλαιο 17. Ο Δαβίδ, ένα νεαρό αγόρι που φυλάει πρόβατα, ένας έφηβος, βρίσκεται αντιμέτωπος με τον Γολιάθ, έναν γιγαντόσωμο, πλήρως οπλισμένο και έμπειρο πολεμιστή. Και όμως, αντί να υποστεί μια συντριπτική και πιθανότατα βάναυση ήττα, ο Δαβίδ βγαίνει από αυτή την άνιση μάχη ένδοξος νικητής. Οπλισμένος με τη βοήθεια του Θεού και τη σφεντόνα του. Κι εμείς εδώ μαθαίνουμε ότι, όσο μεγάλα κι αν είναι τα προβλήματα και οι προκλήσεις στη ζωή μας, ο Θεός μας δίνει δύναμη να τα καταφέρουμε.

Ναι, αλλά ακούγεται πολύ απλοποιημένο αυτό, θα πει κανείς. Και όντως ένα τέτοιο γρήγορο συμπέρασμα βγαίνει μόνο αν κοιτάξουμε την ιστορία επιφανειακά. Αν όμως προσέξουμε καλύτερα, θα διαπιστώσουμε ότι τίποτα από ό,τι έγινε τότε δεν ήταν απλό. Η νίκη του Δαβίδ ήταν κάθε άλλο παρά εύκολη και σίγουρα όχι αυτονόητη. Και θα βρούμε επίσης αρκετές παραλληλότητες ανάμεσα στις προκλήσεις που έχουμε εμείς στη ζωή μας, και σ' αυτές που αντιμετώπισε ο Δαβίδ.

Η πρώτη παραλληλότητα: Τα προβλήματα συχνά εμφανίζονται ξαφνικά και απρόσμενα.

Ο Δαβίδ είχε λάβει εντολή από τον πατέρα του να πάει στους αδερφούς του, που υπηρετούσαν στον στρατό του Ισραήλ, να τους φέρει τρόφιμα και να δει αν είναι καλά. Ήταν πάλι πόλεμος μεταξύ των Ισραηλιτών και των Φιλισταίων. Ο Δαβίδ ξεκίνησε με την πρόθεση να περάσει απλώς για λίγο από το στρατόπεδο και να επιστρέψει πάλι σύντομα στα πρόβατά του. Δεν περίμενε καθόλου αυτό που θα συνέβαινε.

Όπως και τις προηγούμενες μέρες, άρχισε ο υπέρ-πολεμιστής των Φιλισταίων, ο Γολιάθ, να χλευάζει και να προκαλεί τον ισραηλιτικό στρατό. Ζητούσε μονομαχία με έναν Ισραηλίτη που θα ήταν αρκετά γενναίος, ή αρκετά ανόητος, να τον αντιμετωπίσει. Φώναζε ότι το αποτέλεσμα αυτής της μονομαχίας θα καθόριζε ποιος λαός θα ήταν κυρίαρχος: Αν επιζούσε ο ίδιος, οι Ισραηλίτες θα γίνονταν δούλοι των Φιλισταίων. Αν επιζούσε ο Ισραηλίτης, οι Φιλισταίοι θα γίνονταν δούλοι των Ισραηλιτών. Ο σαρκαστικός του τόνος δεν κρυβότανε.

Ο Δαβίδ δεν πίστευε στα αυτιά του. Ποιος ήταν αυτός ο αλαζονικός βάρβαρος που χλεύαζε τον στρατό του ζωντανού Θεού; Και ξαφνικά, βρέθηκε ο Δαβίδ με ένα πρόβλημα...

Θα μπορούσε να γυρίσει την πλάτη του και να πάει σπίτι του. Δεν τον αφορούσε άμεσα αυτή η μάχη, καθώς ήταν πολύ νέος ακόμη για να πολεμήσει. Και εξάλλου υπήρχαν εκεί άλλοι έμπειροι στρατιώτες. Αλλά όλοι φοβόντουσαν. Δεν είχαν απολύτως καμία πιθανότητα να νικήσουν ενάντια σ' αυτό το θηρίο με τ' όνομα Γολιάθ. Και έτσι, ήταν ζήτημα χρόνου να πέσει όλος ο Ισραήλ σε δουλεία. Τι έπρεπε να κάνει ο Δαβίδ;

Τι πρέπει να κάνουμε εμείς, όταν προβλήματα έρχονται σαν κεραυνός και σχεδόν μας συνθλίβουν; Να απελπιστούμε, να τα παρατήσουμε, ή να προσπαθήσουμε να αντιμετωπίσουμε την πρόκληση με εμπιστοσύνη στη βοήθεια του Θεού; Ο Δαβίδ επέλεξε το τελευταίο. Καλά δεν φοβήθηκε, δεν είχε αυτός αμφιβολίες; Πιθανότατα να είχε. Και ποιος λογικός άνθρωπος δεν θα τα 'χανε στην θέση του; Όμως, ο Δαβίδ δεν βασίστηκε στη δική του δύναμη, αλλά στη δύναμη του Κυρίου των Δυνάμεων.

Εύκολο αυτό δεν ήταν. Για αρκετούς λόγους. Αυτούς και ακόμη κάποιες άλλες παραλληλότητες με τη δικιά μας ζωή, θα δούμε στην επόμενη παράγραφο.

Σε όλα αυτά υπερνικούμε δια Αυτού που μας αγάπησε.

(προς Ρωμαίους 8:37)

 (Δευτερονόμιον 8:18) (Ψαλμός 46:1-3)
(προς Α' Κορινθίους 10:13) (προς Β' Κορινθίους 4:17)
(Α' Πέτρου 5:10)

85. Ο ΘΕΟΣ ΜΑΣ ΔΙΝΕΙ ΤΗ ΝΙΚΗ ΑΚΟΜΑ ΚΙ ΟΤΑΝ ΣΤΕΚΟΜΑΣΤΕ ΟΛΟΜΟΝΑΧΟΙ ΜΠΡΟΣΤΑ ΣΤΟΥΣ ΓΟΛΙΑΘ ΤΗΣ ΖΩΗΣ

Όχι μόνο είχε ο Δαβίδ ξαφνικά ένα τεράστιο πρόβλημα, αλλά έμεινε να το αντιμετωπίσει κι ολομόναχος. Κι όταν είπε μάλιστα ότι με τη βοήθεια του Θεού θα μονομαχήσει ιε τον Γολιάθ, οι άλλοι δεν πίστεψαν ότι θα τα καταφέρει και προσπάθησαν να τον αποτρέψουν. Ήταν σχεδόν παιδί χωρίς καμία πολεμική εμπειρία. Οι ανησυχίες τους ήταν δικαιολογημένες. Όμως ακόμη κι αν όλα φαίνονταν να είναι εναντίον του, ο Δαβίδ δεν αποθαρρύνθηκε. Η δεύτερη παραλληλότητα με εμάς: Ακόμα κι όταν μένουμε μόνοι με τα προβλήματά μας, όταν κανείς δεν πιστεύει ότι μπορούμε να τα αντιμετωπίσουμε, όταν μας βασανίζουν φόβοι και αμφιβολίες, ο Θεός είναι στο πλευρό μας, με όλη του τη δύναμη και τις ανεξάντλητες δυνατότητές του! Αυτό ισχύει ακόμα κι όταν οι προκλήσεις που αντιμετωπίζουμε είναι πολύ παραπάνω από τις δυνάμεις μας, όπως και στην περίπτωση του Δαβίδ. Και αυτή είναι μια τρίτη παραλληλότητα.

Το πόσο απελπιστική ήταν η κατάσταση του Δαβίδ, φαίνεται αν κάνουμε μια σύγκριση. Από την μια, ο Γολιάθ, ένας έμπειρος πολεμιστής με σχεδόν τρία μέτρα ύψος, πλήρως οπλισμένος και προστατευμένος με βαριά πανοπλία. Φορούσε περικεφαλαία, αλυσιδωτό θώρακα, και κνημίδες, όλα από χαλκό. Ο θώρακας και μόνο ζύγιζε περίπου 60 κιλά, και το δόρυ του ήταν χοντρό σαν το ξύλο του αργαλειού. Μπροστά του βάδιζε επιπλέον ένας οπλοφόρος, κρατώντας μια τεράστια ασπίδα.

Από την άλλη, ο Δαβίδ, ένας έφηβος, χωρίς πολεμική εμπειρία, που κρατούσε ένα ραβδί και μια σφεντόνα. Χαμένος από χέρι... Αλλά δεν έκανε πίσω! Τα λόγια του προς τον Γολιάθ ήταν: «Εσύ έρχεσαι εναντίον μου με ρομφαία, δόρυ, και ασπίδα. Εγώ, όμως, έρχομαι εναντίον σου στο όνομα του Κυρίου των Δυνάμεων, του Θεού των στρατευμάτων του Ισραήλ. Η μάχη είναι του Κυρίου!» Και ο Κύριος έδωσε μάχη. Και νίκησε! Μαζί με τον Δαβίδ και μέσα από αυτόν.

Αυτό που έκανε ο Θεός τότε, το κάνει και σήμερα. Ακόμη κι αν ανήκουμε στον Θεό και είμαστε παιδιά του, δυσκολίες και προβλήματα θα υπάρχουν. Όμως Εκείνος πολεμάει στο πλάι μας. Δίνει μάχη μαζί με μας και μέσα από μας. Και νικά!

Το κρυφό αλλά απόλυτα αποτελεσματικό όπλο του Δαβίδ ήταν η μεγάλη εμπιστοσύνη του στον Θεό. Αυτό μπορεί να είναι και το δικό μας όπλο απέναντι σε κάθε «Γολιάθ» της ζωής, που μας απειλεί. Μέσα στις δύσκολες ώρες, ο Θεός δυναμώνει την εμπιστοσύνη μας σ' Εκείνον και μας χαρίζει τη νίκη. Και αναγνωρίζουμε όλο και περισσότερο ότι ιδιαίτερα στην αδυναμία μας, είναι η δύναμή του Θεού τέλεια!

Κάποιοι ελπίζουν σε άμαξες, άλλοι σε άλογα.
Εμείς όμως θα εμπιστευόμαστε στο όνομα
του Κυρίου του Θεού μας.

(Ψαλμός 20:7-8)

(Δευτερονόμιον 20:1) (Ψαλμός 28:7-8) (Ψαλμός 62:5-7) (Ψαλμός 124:8) (προς Β' Κορινθίους 12:9)

86. Ο ΘΕΟΣ ΧΑΡΙΖΕΙ ΕΙΡΗΝΗ

Το να ζούμε με ειρήνη είναι ένα ανεκτίμητο αγαθό. Σε πολλές χώρες, οι άνθρωποι εύχονται ο ένας στον άλλον «ειρήνη» όταν συναντιούνται. Και δεν είναι τυχαίο ότι μετά την γέννηση του Χριστού οι άγγελοι του Θεού έψαλαν «επί γης ειρήνη», και ο ίδιος ο Χριστός είπε «την ειρήνη μου δίνω σε σας». Αν λείπει η ειρήνη, είτε στη χώρα όπου ζούμε, είτε στις οικογένειες και στις σχέσεις μας, είτε μέσα μας, τότε η ζωή δεν εξελίσσεται φυσιολογικά, και εμείς οι άνθρωποι δεν μπορούμε να αναπτυχθούμε ελεύθερα και ξέγνοιαστα. Δυστυχώς δεν υπάρχει εγγύηση για μακροπρόθεσμη ειρήνη, ακόμη κι αν προσπαθούμε πολύ γι' αυτή. Ο μόνος που μπορεί να δώσει αληθινή και μόνιμη ειρήνη, είναι ο Θεός. Γιατί η ειρήνη του Θεού είναι διαφορετική από την ειρήνη αυτού του κόσμου. Η επίδραση της είναι βαθιά και πλατιά, καθώς ο Θεός εργάζεται με ακρίβεια και επιμέλεια.

Πρώτα απ' όλα, ο Θεός αποκατέστησε την ειρήνη μεταξύ Θεού κι ανθρώπου. Αυτή η ειρήνη καταστράφηκε όταν οι πρώτοι άνθρωποι εναντιώθηκαν στο θέλημα του Θεού, χάνοντας έτσι την στενή κοινωνία με τον Δημιουργό τους. Η αμαρτία έφερε ένα χάσμα ανάμεσα στον Θεό και τους ανθρώπους, το οποίο εξακολουθεί να υπάρχει και μέχρι σήμερα, καθώς οι άνθρωποι συνεχίζουν να αμαρτάνουν απέναντι στον Θεό. Κανείς από μας δεν είναι χωρίς αμαρτία. Όμως, ο Υιός του Θεού, ο Ιησούς Χριστός, πέθανε πάνω στον σταυρό για να καταστήσει δυνατή την επανασύνδεσή μας με τον Θεό, ώστε να μπορούμε να έχουμε μια αληθινή σχέση μαζί του ως τον Ουράνιο Πατέρα μας. Έτσι, όποιος νιώθει το βάρος της αμαρτίας του και το φέρει στα πόδια του Χριστού ζητώντας τη συγχώρεση του, θα βρει σαν πλέον παιδί του Θεού, ανακούφιση και ειρήνη για την καρδιά του.

Αυτή η εσωτερική ειρήνη που δίνει ο Χριστός στην καρδιά των δικών του επηρεάζει όμως και τον τρόπο που συμπεριφέρονται εκείνοι και στους άλλους ανθρώπους. Όποιος είναι εσωτερικά ήρεμος και γαλήνιος, μπορεί να χειριστεί καλύτερα παρεξηγήσεις και διαφορές, και να είναι πιο επιεικής με τις αδυναμίες και τα λάθη των άλλων. Με αποτέλεσμα η ειρήνη του Θεού να μην περιορίζεται μόνο στη σχέση του με τον άνθρωπο, αλλά να επεκτείνεται και στις σχέσεις που έχουνε οι άνθρωποι μεταξύ τους.

Έτσι εργάζεται ο Θεός. Γι' αυτό είναι η ειρήνη του βαθιά και διαρκής, και μπορεί να φτάσει σε τέτοιες διαστάσεις που να γεμίσει ολόκληρο τον κόσμο. Ακόμα δεν έχουμε φτάσει εκεί, αλλά κάποτε θα έρθει η μέρα που δεν θα υπάρχουν πια πόλεμος και διαμάχες, ούτε πόνος και δάκρυα. Θα 'ναι μια εποχή απόλυτης ειρήνης και τέλειας αρμονίας. Μπορούμε να είμαστε σίγουροι, γιατί ο Ιησούς Χριστός, ο βασιλιάς της ειρήνης, το υποσχέθηκε!

Ειρήνη σας αφήνω, τη δικιά μου ειρήνη δίνω σε σας,
όχι όπως δίνει ο κόσμος σας δίνω εγώ.
Ας μη ταράζεται η καρδιά σας ούτε να δειλιάζει.

(Ιησούς Χριστός, κατά Ιωάννην 14:27)

(κατά Λουκάν 2:14 και 10:5) (προς Ρωμαίους 15:33)
(προς Α' Κορινθίους 14:33) (προς Εφεσίους 2:14)
(προς Φιλιππησίους 4:7) (προς Α' Θεσσαλονικείς 5:23)
(Αποκάλυψη Ιωάννου 21:4)

180

87. Ο ΘΕΟΣ ΜΑΣ ΓΕΜΙΖΕΙ ΟΛΟΚΛΗΡΩΤΙΚΑ

Μερικές φορές, το μέσα μας μοιάζει με ένα τρύπιο βαρέλι. Όσο κι αν το γεμίζουμε, ακόμη και με μεγάλα, ακριβά, ξεχωριστά ή συναρπαστικά πράγματα, αυτό φαίνεται να μην γεμίζει ποτέ. Κι όμως, υπάρχει ο δρόμος που οδηγεί στο να νιώθει κάποιος μέσα του αληθινά γεμάτος. Ο Απόστολος Παύλος περιγράφει αυτόν τον δρόμο στην επιστολή του προς τους Εφεσίους ως εξής: «Να είστε ριζωμένοι και θεμελιωμένοι στην αγάπη, ώστε να μπορέσετε να καταλάβετε ποιο είναι το πλάτος, το μήκος, το ύψος και το βάθος, και να γνωρίσετε την αγάπη του Χριστού που ξεπερνά κάθε γνώση, ώστε να γεμίσετε με όλο το πλήρωμα του Θεού.»

Μεγαλύτερο «γέμισμα» από το να είναι κανείς γεμάτος με το *Πλήρωμα* του Θεού, δεν υπάρχει! Αυτό αρχίζει τη στιγμή που λαμβάνουμε την συγχώρεση του Θεού και βάζουμε τον Χριστό Κύριο στη ζωή μας. Τότε το Πνεύμα του Θεού έρχεται στην καρδιά μας και μας δίνει μία *καινούργια φύση, μας αναγεννά* και μας *γεμίζει*. Και αυτή η εσωτερική πληρότητα αυξάνεται, όσο το Πνεύμα του Θεού συνεχίζει να εργάζεται μέσα μας, διαμορφώνοντας τον εσωτερικό μας άνθρωπο και βοηθώντας μας: Πρώτον, να κατανοήσουμε *το πλάτος, το μήκος, το ύψος και το βάθος*. Και δεύτερον, να γνωρίσουμε την αγάπη του Ιησού Χριστού.

Το να κατανοούμε καλύτερα το «πλάτος, μήκος, ύψος και βάθος» σημαίνει να αναγνωρίζουμε όλο και περισσότερο τις διαστάσεις της Αγάπης, της Σοφίας και της Δύναμης του Θεού. Με συνέπεια, ο θαυμασμός, ο σεβασμός, η εμπιστοσύνη, η ειρήνη και η γαλήνη να γεμίζουν πλήρως την καρδιά μας.

Αυτό όμως που πάνω απ' όλα φέρνει πλήρωση μέσα μας είναι η αγάπη! Η ανάγκη μας για αγάπη καλύπτεται όταν αναγνωρίσουμε την υπέρτατη αγάπη του Κυρίου για μας. Μια αγάπη μοναδική, που έδωσε τον ίδιο της τον εαυτό! Ο Υιός του Θεού έγινε άνθρωπος, ήρθε στον κόσμο μας, έζησε ανάμεσά μας και πέθανε για μας, ώστε να βρούμε συγχώρεση για τις αμαρτίες μας και να λάβουμε αιώνια ζωή.

Ως δώρο, όχι επειδή το αξίζουμε. Αυτή είναι αγάπη στην πιο αγνή της μορφή. Ανιδιοτελής, γεμάτη καλοσύνη, ειλικρίνεια, υπομονή, κατανόηση, έτοιμη να ελεήσει, να συγχωρήσει, και να βοηθήσει. Μια αγάπη που ψάχνει και βρίσκει, που δίνει μέλλον και ελπίδα. Μια αγάπη που υπερβαίνει καθετί που γνωρίζουμε, και κάνει πλήρες ό,τι αγγίξει. Αν θέλουμε να αποκτήσουμε και να διατηρήσουμε αυτήν την πληρότητα που προσφέρει η αγάπη του Θεού, είναι σημαντικό και αναγκαίο να παραμένουμε εμείς οι ίδιοι στην αγάπη, ριζωμένοι και θεμελιωμένοι. Τι σημαίνει αυτό;

Το να είμαστε ριζωμένοι και θεμελιωμένοι στην αγάπη σημαίνει, να καθορίζει αυτή όλη μας τη ζωή. Τον τρόπο που σκεφτόμαστε, που βλέπουμε, που πράττουμε. Τις αποφάσεις που παίρνουμε, τις προτεραιότητες που θέτουμε. Το πώς περπατάμε με τον Θεό, και το πώς συμπεριφερόμαστε στους άλλους. Είμαστε σαν ένα δέντρο που φέρνει «καρπούς αγάπης» γιατί έχει βαθιές ρίζες «στο χώμα της αγάπης του Θεού». Επειδή λαμβάνουμε αγάπη μπορούμε να δώσουμε αγάπη. Κι όσο περισσότερο κάνουμε «χρήση της αγάπης», τόσο περισσότερο κατανοούμε και τον τρόπο που λειτουργεί η αγάπη, και πόσο πραγματικά ασύγκριτη και μοναδική είναι η αγάπη του Θεού.

Το να γνωρίζουμε τον Θεό και να κατανοούμε την αγάπη του όλο και περισσότερο, είναι αυτό που μας γεμίζει εσωτερικά. Κι όχι μόνο λίγο, αλλά απόλυτα και μόνιμα. Γιατί όταν ο Θεός γεμίζει με το θεϊκό του πλήρωμα, δεν απομένει πια κανένα κενό.

Να είστε γερά ριζωμένοι και εδραιωμένοι στον Ιησού.
Σε Αυτόν κατοικεί ολόκληρο το πλήρωμα της θεότητας.

(προς Κολοσσαείς 2:7+9)

 (κατά Ιωάννην 3:34) (προς Εφεσίους 1:23 και 3:14-19)
(προς Κολοσσαείς 1:19)

88. Ο ΘΕΟΣ ΔΙΝΕΙ ΜΕΣΑ ΑΠΟ ΜΑΣ

Όπως ένας καλός πατέρας που χαίρεται να χαρίζει στα παιδιά του, έτσι είναι και ο Θεός. Όσοι ανήκουν σ' Αυτόν μπορούνε να χτυπάνε την πόρτα του και να πλησιάζουν με θάρρος. Όπως και να εμπιστεύονται τη σοφία, την αγάπη και τη φροντίδα του Θεού, όταν του ζητάνε κάτι. Εκείνος ξέρει τι έχουν ανάγκη, πριν ακόμη το ζητήσουν, καθώς και την σωστή ώρα πότε θα τους το δώσει.

Ο Θεός μας δίνει αυτό που έχουμε ανάγκη. Είναι όμως αυτή η εμπειρία που έχουν όλοι οι άνθρωποι;

Δυστυχώς, όχι! Αλλά πριν ρίξουμε εδώ βιαστικά τις ευθύνες στον Θεό, ας κοιτάξουμε λίγο και τον εαυτό μας. Το πρόβλημα είναι συχνά η κακή διαχείριση και η άνιση κατανομή. Είτε πρόκειται για υλικά ή για μη υλικά αγαθά, είναι ευθύνη μας να χρησιμοποιούμε σωστά αυτά που μας εμπιστεύεται ο Θεός. Τα χρήματα, τον χρόνο, τις δυνατότητες και τις ικανότητές μας, όλα αυτά μπορούμε να τα αξιοποιούμε αποκλειστικά για τον εαυτό μας, μόνο για τις δικές μας ανάγκες και τα δικά μας όνειρα. Ή μπορούμε να χρησιμοποιούμε όσα με γενναιοδωρία μας δίνει ο Θεός, για να κάνουμε καλό και στους άλλους, ώστε με την βοήθειά μας να ελαφρύνουν οι ανάγκες και τα προβλήματά τους.

Ο Θεός είναι Θεός που χαρίζει απλόχερα. Μπορούμε να απολαμβάνουμε τα δώρα και τις ευλογίες του με ευγνωμοσύνη και χαρά. Όμως πάντα να θυμόμαστε ότι ο Θεός δίνει, αλλά δίνει και μέσα από εμάς.

Δίνετε, και θα σας δοθεί, με μέτρο καλό που υπερχειλίζει.
Επειδή, με το μέτρο με το οποίο μετράτε,
θα αντιμετρηθεί και σε σας.

(Ιησούς Χριστός, κατά Λουκάν 6:38)

Ο Θεός είναι δυνατός να σας δώσει με περίσσεια,
ώστε καθώς θα είστε σε όλα τελείως αυτάρκεις,
να περισσεύετε σε κάθε έργο αγαθό.

(προς Β' Κορινθίους 9:8)

(κατά Ματθαίον 6:8 και 7:11) (κατά Λουκάν 12:15)
(κατά Ιωάννην 16:24) (προς Ρωμαίους 8:32)
(προς Β' Κορινθίους 8:14) (προς Εφεσίους 4:11-12)
(προς Φιλιππησίους 4:19) (προς Α' Τιμόθεον 1:12 και 6:17)

89. Ο ΘΕΟΣ ΘΕΛΕΙ ΝΑ ΣΤΗΡΙΖΟΥΜΕ Ο ΕΝΑΣ ΤΟΝ ΑΛΛΟΝ

Πώς φανταζόμαστε μια καλή κοινωνία; Τι περιμένουμε από την κοινότητα ή την οικογένεια στην οποία ανήκουμε; Δεν θα έπρεπε να είναι ένας τόπος όπου νιώθουμε αποδεκτοί και καλοδεχούμενοι; Που κανείς δεν είναι μόνος, που όλοι στηρίζουν ο ένας τον άλλον στις δύσκολες στιγμές, και προσπαθούν όλοι μαζί να αντιμετωπίσουν προκλήσεις και προβλήματα; Ένας τόπος που βρίσκουμε κατανόηση και συμπάθεια και που μοιραζόμαστε όμορφες στιγμές; Σε μια τέτοια κοινότητα, στην οποία δεν κυριαρχεί το Εγώ, αλλά η αλληλεγγύη και ο σεβασμός, μπορούμε να αναπτυχθούμε και να εξελιχθούμε σωστά σαν άτομα. Να ανακαλύψουμε και να αξιοποιήσουμε τα ταλέντα και τις ικανότητές μας. Να μορφώσουμε τον χαρακτήρα μας και να βοηθήσουμε τους άλλους να κάνουν το ίδιο.

Αυτήν την εικόνα έχει ο Θεός για την κοινωνία ανάμεσα στα παιδιά του. Η επιθυμία του είναι βλέπουν και να σκέφτονται ο ένας τον άλλον, να στηρίζουν και να βοηθούν ο ένας τον άλλον, με όλα όσα ο Θεός τους χαρίζει. Είτε είναι αυτά αγαθά, είτε ικανότητες και χαρίσματα.

Ο δρόμος της ζωής μας δεν είναι πάντα εύκολος. Κάποιες φορές βρίσκονται μπροστά μας μεγάλα εμπόδια που πρέπει να ξεπεράσουμε. Είναι τότε ανεκτίμητο το να μην είμαστε μόνοι, αλλά να έχουμε κάποιον στο πλάι μας να μας δώσει θάρρος και ένα χέρι βοηθείας. Ο Θεός το γνωρίζει αυτό. Γι' αυτό και διαβάζουμε τόσα πολλά για την εκκλησία του Ιησού Χριστού στην Καινή Διαθήκη. Την εκκλησία του, στην οποία ανήκουν όσοι δέχτηκαν τον Χριστό ως Σωτήρα και Κύριό τους και έγιναν έτσι παιδιά του Θεού. Μαζί με τον Ιησού Χριστό σχηματίζουν ένα σώμα, έναν ζωντανό οργανισμό. Ο Χριστός είναι η κεφαλή και αυτοί τα μέλη. Είναι δεμένοι μεταξύ τους, στηρίζουν, υποστηρίζουν και δυναμώνουν ο ένας τον άλλον, καθώς βαδίζουν μαζί προς τον ίδιο προορισμό. Έτσι το σχεδίασε ο Θεός με σοφία και αγάπη.

Είναι μεγάλο προνόμιο και ανεκτίμητο δώρο για κάθε άνθρωπο, το να ανήκει στο σώμα του Ιησού Χριστού. Δεν υπάρχει καλύτερο μέρος να βρίσκεται κάποιος, από εκεί που ατελείς άνθρωποι ενώνονται με τον τέλειο Θεό, σχηματίζοντας μια ενότητα που ξεκινά εδώ, σ' αυτήν τη γη, και θα φτάσει στην τελειότητά της στον καινούργιο κόσμο που ο Θεός θα δημιουργήσει.

Ας μιλάμε την αλήθεια με αγάπη και ας γινόμαστε σε όλα όμοιοι με τον Χριστό, ο οποίος είναι η κεφαλή. Από Αυτόν συγκροτείται όλο το σώμα και συνδέεται με κάθε σύνδεσμο. Κάθε μέλος του σώματος συνεισφέρει με την δικιά του ενέργεια, ώστε το όλο σώμα να αναπτύσσεται και να οικοδομείται με αγάπη.

(προς Εφεσίους 4:15-16)

(προς Ρωμαίους 15:1)
(προς Α' Κορινθίους 10:24 και 12:12-27 και 13:5)
(προς Γαλάτας 6:2) (προς Εφεσίους 1:22)
(προς Φιλιππησίους 2:4) (προς Κολοσσαείς 1:18 και 2:19)

90. Ο ΘΕΟΣ ΘΕΛΕΙ ΝΑ ΣΕΒΟΜΑΣΤΕ ΚΑΙ ΝΑ ΕΚΤΙΜΑΜΕ ΤΟΥΣ ΓΟΝΕΙΣ ΜΑΣ

Ακούγεται ευχάριστα για τους γονείς, ότι τα παιδιά τους πρέπει να τους σέβονται και να τους εκτιμούν. Για κάποιους γονείς, το «τίμα τον πατέρα σου και τη μητέρα σου!» ανήκει στις αγαπημένες τους εκφράσεις. Για τα παιδιά όμως δεν είναι αυτό πάντα εύκολο να το εφαρμόσουν. Δεν είναι ωστόσο κάπως αυτονόητο, πως όταν έρθει η στιγμή που οι γονείς θα χρειαστούν τα παιδιά τους, εκείνα τότε θα δείξουν σεβασμό και φροντίδα; Δυστυχώς, η πραγματικότητα δείχνει ότι αυτό εξαρτάται από διάφορους παράγοντες, όπως η ανατροφή, οι αξίες, τα πρότυπα, οι συνθήκες ζωής, και η κατάσταση της οικογένειας.

Ο Θεός είναι ο εφευρέτης της οικογένειας, αυτής της σημαντικής μονάδας, όπου ο άνθρωπος μπορεί να ζήσει με ασφάλεια και προστασία, αλλά και να φύγει με αξιοπρέπεια από αυτήν τη ζωή. Η αγάπη και ο σεβασμός, το να δίνεις και να παίρνεις, είναι βάση και θεμέλιο για μια οικογένεια, όχι μόνο όταν οι συνθήκες και οι καταστάσεις είναι ιδανικές.

Ωστόσο, λάθη και απογοητεύσεις συχνά βαραίνουν τη σχέση ανάμεσα σε γονείς και παιδιά. Το να δείξει ο ένας στον άλλο αγάπη και σεβασμό, το να συγχωρέσει κάποιος και να κάνει το πρώτο βήμα για συμφιλίωση, είναι πολλές φορές μια πολύ μεγάλη πρόκληση. Όταν έχουν γίνει πολλά και η σχέση μεταξύ παιδιών και γονιών έχει σκληρύνει και παγώσει σε μεγάλο βαθμό, είναι για τα παιδιά σχεδόν αδύνατο να δείξουν σεβασμό και εκτίμηση στους γονείς τους.

Όμως, το «σχεδόν αδύνατο» δεν σημαίνει τελείως αδύνατο, ειδικά όταν ενεργήσει ο Θεός. Ο Θεός μας αναθέτει κάτι, αλλά μας δίνει και τα «μέσα» για να το εκπληρώσουμε. Μας βοηθάει, θεραπεύοντας τις εσωτερικές πληγές μας και αλλάζοντας τον τρόπο που βλέπουμε και αξιολογούμε. Μας δείχνει πώς βλέπει Αυτός τους ανθρώπους, ώστε και εμείς να τους καταλαβαίνουμε καλύτερα. Ο Θεός θεραπεύει τις σχέσεις και τις οικογένειές μας, ξεκινώντας με τη συγχώρεση που προσφέρει πρώτα σε μας τους ίδιους. Όταν συνειδητοποιήσουμε πόσο πολύ χρειαζόμαστε το έλεος και τη συγχώρεση του Θεού στη δική μας ζωή, αυτό μας διδάσκει ταπεινοφροσύνη και μας γεμίζει ευγνωμοσύνη. Έτσι, γινόμαστε πιο πρόθυμοι και ικανοί να προσφέρουμε συγχώρεση και στους άλλους. Μπορούμε τότε να πλησιάσουμε τους γονείς μας και να προσπαθήσουμε να δώσουμε στη σχέση μας μια καινούργια αρχή.

Ίσως αυτή να αποδειχθεί ως μια μακροχρόνια διαδικασία, γεμάτη σκαμπανεβάσματα. Αξίζει όμως τον κόπο, γιατί στα μάτια του Θεού το «Τίμα τον πατέρα σου και τη μητέρα σου!» είναι άκρως σημαντικό. Τόσο σημαντικό, που το έκανε ο Θεός μία από τις Δέκα Εντολές. Και έτσι, έναν από τους θεμέλιους λίθους για μια ευλογημένη ζωή!

Τίμα τον πατέρα σου και τη μητέρα σου, για να σου γίνεται καλό και να γίνεις μακροχρόνιος πάνω στη γη, που σου δίνει ο Κύριος ο Θεός σου.

(Έξοδος 20:12)

(Παροιμίες 1:8 και 23:22) (προς Εφεσίους 6:1-4)
(προς Κολοσσαείς 3:20-21) [προς Α' Τιμόθεον 5:4)
(κατά Μάρκον 8:35 και 10:21) (κατά Λουκάν 17:33)
(κατά Ιωάννην 12:25) (προς Ρωμαίους 5:3-5)
(προς Β' Κορινθίους 1:9 και 4:10)

91. Ο ΘΕΟΣ ΘΕΛΕΙ ΝΑ ΠΑΡΑΔΩΣΟΥΜΕ ΤΗ ΖΩΗ ΜΑΣ ΣΕ ΑΥΤΟΝ ΟΛΟΚΛΗΡΩΤΙΚΑ

«Όποιος χάσει τη ζωή του, εξαιτίας μου, θα τη βρει.»

Αυτά τα λόγια τα λέει ο ίδιος ο Ιησούς Χριστός και είναι γραμμένα στο κατά Ματθαίον ευαγγέλιο, κεφάλαιο 16 και εδάφιο 25. Ίσως να ακούγονται κάπως παράξενα ή ακόμη και υπερβολικά αυτά τα λόγια, αλλά φαίνεται να κρύβουν ένα βαθύ μυστικό. Τι να εννοεί εδώ ο Χριστός;

Όταν κάποιος χάνει τη ζωή του, σημαίνει ότι δεν ζει πια. Όμως, εδώ δεν πρόκειται κυρίως για τον φυσικό θάνατο. Το να "χάσουμε" τη ζωή μας εξαιτίας του Χριστού, σημαίνει να την ζήσουμε για Αυτόν, να την παραδώσουμε στον Θεό ολοκληρωτικά. Να εμπιστευτούμε απόλυτα στα χέρια του Θεού τις επιθυμίες μας, τα σχέδιά μας, τους στόχους μας, και κάθε βήμα που κάνουμε, ώστε να μας οδηγήσει Αυτός. Και να προσφέρουμε στον Θεό όλον τον εαυτό μας, ό,τι είμαστε και ό,τι έχουμε, ώστε να χρησιμοποιήσει Εκείνος τα πάντα για τα σχέδιά του και κατά το θέλημά του. Ο Θεός εργάζεται σ' αυτόν τον κόσμο για να φέρει ανανέωση και να δώσει σωστό προσανατολισμό. Το κάνει μαζί με αυτούς που του ανήκουν, καθώς εκείνοι του προσφέρουν τον χρόνο τους, τις ικανότητες, και τις δυνατότητές τους για αυτόν τον σκοπό. Η αγάπη για τον Θεό και για τους ανθρώπους είναι αυτό που τους κινεί.

Όσοι δίνουν την ζωή τους στον Χριστό, δεν ζουν πρώτα για τον εαυτό τους. Αυτό δεν σημαίνει ότι παράτησαν ή «έχασαν τον εαυτό τους», αλλά αντίθετα βρήκαν μια καινούργια ταυτότητα. Η επιθυμία τους είναι να μοιάζουν στον Κύριό τους όλο και περισσότερο, να βλέπουν τον κόσμο μέσα από τα μάτια του όλο και περισσότερο, και να πράττουν σαν Αυτόν όλο και περισσότερο. Ο Απόστολος Παύλος το εκφράζει στην Επιστολή προς Γαλάτας, κεφάλαιο 2, εδάφιο 20 ως εξής: «Δεν ζω πια εγώ, αλλά ζει μέσα μου ο Χριστός». Αυτό εννοεί ο Ιησούς Χριστός όταν λέει: «Όποιος χάσει τη ζωή του εξαιτίας μου, θα τη βρει». Αν παραδώσουμε τη ζωή μας στον Χριστό και για τον

Χριστό, Εκείνος μας υπόσχεται ότι θα *βρούμε την ζωή μας* και θα την κρατήσουμε αιώνια.

Για τον Θεό, η ζωή δεν έχει μόνο αυτήν την γήινη μορφή. Η ζωή έχει αιώνια προοπτική, γιατί ο Θεός που είναι η πηγή της ζωής είναι ο ίδιος αιώνιος και ζει αιώνια. Αυτή την αιώνια ζωή θέλει να μας χαρίσει ο Θεός. Αυτή είναι η αληθινή ζωή, που θα βρούμε, αν «χάσουμε» την τωρινή ζωή μας. Κάποιος που είναι πολύ σφιχτά δεμένος μ' αυτή τη ζωή, προσκολλημένος στα όνειρα, στα σχέδια, και στις επιθυμίες του, χωρίς να συμπεριλαμβάνει τον Θεό μέσα στην ζωή του, δεν θα μπορέσει να γευθεί την αληθινή, αιώνια ζωή. Γι' αυτό προειδοποιεί ο Χριστός, πως όποιος προσπαθήσει να σώσει και να κρατήσει τη ζωή του, στο τέλος θα τη χάσει...

Αυτή η ζωή εδώ είναι σύντομη. Ας την ζήσουμε για τον Θεό σαν να φέρνουμε μια προσφορά σ' Αυτόν. Τότε ο Θεός θα πάρει τη ζωή που του προσφέρουμε στα χέρια του, θα την φυλάξει, θα την φροντίσει, θα την αξιοποιήσει, και θα της δώσει μια υπέροχη μορφή με αξία αιώνια και αμετάβλητη. Και κάποια μέρα θα μας την επιστρέψει και πάλι, για να μας ανήκει πλέον για πάντα και να την χαρούμε αιώνια!

> *Αν κάποιος θέλει να έρθει πίσω μου, ας απαρνηθεί τον εαυτό*
> *του, και ας σηκώσει τον σταυρό του, και ας με ακολουθεί.*
> *Όποιος θέλει να σώσει τη ζωή του, θα τη χάσει.*
> *Όποιος δε χάσει τη ζωή του εξαιτίας μου, θα τη βρει.*
>
> *(κατά Ματθαίον 16:25-26)*

(κατά Μάρκον 8:35 και 10:21) (κατά Λουκάν 17:33)
(κατά Ιωάννην 12:25) (προς Ρωμαίους 5:3-5)
(προς Β' Κορινθίους 1:9 και 4:10)

92. Στον Θεο Αρεσουν Μονο Καποιες Θυσιες

Από πάντα, οι άνθρωποι προσπαθούσαν να ευχαριστήσουν και να εξευμενίσουν τις θεότητές τους με κάθε λογής θυσίες. Πρόσφεραν καρπούς, κρασί, λάδι, λιβάνι, σμύρνα, πολύτιμα μέταλλα, όπλα, κοσμήματα. Όπως και ζώα, και όχι σπάνια ακόμα και ανθρώπους. Αδιανόητο στη προοδευτική μας εποχή.

Και στην Παλαιά Διαθήκη, διαβάζουμε για θυσίες που ο λαός Ισραήλ πρόσφερε τακτικά στον Θεό ως ένδειξη μετάνοιας, ευγνωμοσύνης και λατρείας. Το γεγονός ότι απαιτούνταν ο θάνατος ζώων για να πλησιάσουν οι άνθρωποι τον Θεό, φανερώνει πόσο μεγάλο είναι το χάσμα που προκάλεσε η αμαρτία ανάμεσα στον Θεό και τους ανθρώπους. Οι θυσίες αυτές είχαν σκοπό να δείξουν τη σοβαρότητα της κατάστασης. Ευτυχώς, αυτό δεν είναι πλέον απαραίτητο, γιατί με τη θυσία του Ιησού Χριστού πάνω στον σταυρό, το χάσμα μεταξύ Θεού και ανθρώπων γεφυρώθηκε οριστικά. Δεν χρειάζονται πια θυσίες για να μας δεχτεί ο Θεός.

Ωστόσο, υπάρχουν θυσίες που αφορούν το πώς ζούμε και εφαρμόζουμε την πίστη μας. Αυτές έχουν ακόμη μεγάλη σημασία, γιατί εκφράζουν μια εσωτερική στάση που είναι πολύτιμη στα μάτια του Θεού. Η Αγία Γραφή μάς μιλά για θυσίες και προσφορές που ευαρεστούν τον Θεό:

Να αγαπάμε τον Θεό και τους ανθρώπους με όλη μας την καρδιά.
Να ευχαριστούμε τον Θεό και να τον δοξάζουμε.
Να υπακούμε τον Θεό.
Να επιδιώκουμε τη δικαιοσύνη και την αλήθεια.
Να κάνουμε το καλό, να βοηθάμε ο ένας τον άλλον, να μοιραζόμαστε.
Να σεβόμαστε και να τιμάμε τον Θεό, γιατί Αυτός συγχωρεί τις αμαρτίες μας και μας δείχνει απέραντη χάρη.

Όλες αυτές οι θυσίες προέρχονται από μια συγκεκριμένη εσωτερική στάση: ο άνθρωπος αναγνωρίζει το μεγαλείο του Θεού και επιθυμεί να αφιερώσει τον εαυτό του ολοκληρωτικά σ' Αυτόν, με σώμα και ψυχή. Διότι ο Θεός δεν θέλει κάποιες εξωτερικές *θυσίες* από μας, θέλει εμάς! Ψάχνει για μια στάση αφιέρωσης, που του επιτρέπει να εργαστεί μέσα στους δικούς του, να τους μορφώσει, ώστε να ανανεώσει και τους ίδιους, αλλά και τον κόσμο μέσα από αυτούς!

> *Παραστήσετε τα σώματά σας σαν θυσία ζωντανή, άγια, ευάρεστη στον Θεό, η οποία είναι η λογική σας λατρεία.*
>
> *(προς Ρωμαίους 12:1)*

(Α' Σαμουήλ 15:22) (Ωσηέ 6:6) (Αμώς 5:21-24)
(Ψαλμός 51:19) (Ψαλμός 69:30-31) (κατά Μάρκον 12:33)
(προς Ρωμαίους 6:13) (πρςς Φιλιππησίους 4:18)
(προς Εβραίους 13:16)

93. Ο ΘΕΟΣ ΕΝΕΡΓΕΙ ΤΑ ΠΑΝΤΑ ΠΡΟΣ ΤΟ ΚΑΛΟ, ΓΙΑ ΑΥΤΟΥΣ ΠΟΥ ΤΟΝ ΑΓΑΠΟΥΝ

Ό,τι κι αν συμβαίνει σε αυτόν τον κόσμο, ό,τι κι αν μας τρομάζει ή μας πληγώνει βαθιά, αποκτά μια νέα διάσταση όταν εμπιστευόμαστε πλήρως τη ζωή μας στον Θεό και στηριζόμαστε στις υποσχέσεις του. Γιατί *ο Θεός μπορεί να χτίσει ίσια, ακόμα και πάνω σε στραβά θεμέλια.*

Τι υπέροχη σκέψη! Ακόμα και μέσα από τα σφάλματα μας και τους λάθους δρόμους που παίρνουμε, μπορεί να φέρει ο Θεός κάτι καλό. Έχει τη δύναμη να μετατρέψει ακόμα και το κακό σε ευλογία. Αυτό αναδεικνύει την υπέρτατη σοφία και εξουσία του Θεού!

Όταν ο βασιλιάς Δαβίδ ερωτεύτηκε τη Βηθσαβεέ, ήταν εκείνη ακόμη η γυναίκα κάποιου άλλου. Όμως αυτό δεν σταμάτησε τον Δαβίδ από το να την πάρει κοντά του και να διαπράξει μοιχεία. Και σαν η Βηθσαβεέ, έμεινε κι έγκυος, προσπάθησε ο Δαβίδ να κουκουλώσει την αμαρτία του, αλλά αυτό δεν αποδείχτηκε και τόσο εύκολο. Τότε κατέφυγε σε ακραία μέσα: Με δόλο, άφησε να σκοτωθεί ο Ουρίας, ο άντρα της Βηθσαβεέ, στην πρώτη γραμμή. Εκεί, όπου η μάχη ήταν η πιο σφοδρή, έδωσε ο Δαβίδ εντολή στους συμμαχητές του Ουρία, να τραβηχτούν πίσω, έτσι που αυτός να μείνει ακάλυπτος, ώστε να χτυπηθεί και να πεθάνει. Και το σχέδιο πέτυχε. Τώρα ο Δαβίδ και η Βηθσαβεέ θα μπορούσαν να ζήσουν ευτυχισμένοι για πάντα... Σωστά; Όχι, κάθε άλλο!

«Αυτό που έκανε ο Δαβίδ φάνηκε κακό στα μάτια του Κυρίου». Έτσι το περιγράφει ξεκάθαρα η Γραφή, στο Β΄ Σαμουήλ 11:27. Ο Δαβίδ έμαθε με τον πιο επώδυνο τρόπο ότι ο σκοπός δεν αγιάζει τα μέσα. Κάθε πράξη έχει το τίμημά της. Το παιδί που γεννήθηκε από αυτή την ένωση αρρώστησε βαριά και, παρά τις ικεσίες και τη μετάνοια του Δαβίδ, πέθανε. Κι επιπλέον αποκάλυψε ο Θεός στον Δαβίδ, ότι πια «η ρομφαία δεν θα αποσυρθεί από την οικογένειά του».

Και έτσι κι έγινε. Χρόνια αργότερα, ένας από τους γιους του Δαβίδ σκότωσε τον αδελφό του από εκδίκηση. Ο ίδιος γιος αργότερα επαναστάτησε εναντίον του ίδιου του Δαβίδ. Εξευτέλισε δημόσια τον βασιλιά και πατέρα του και οργάνωσε πραξικόπημα εναντίον του. Ο Δαβίδ και οι στρατιώτες του αναγκάστηκαν να φύγουν για να σώσουν τη ζωή τους. Στη μάχη που ακολούθησε, ο γιος του Δαβίδ σκοτώθηκε, βυθίζοντας τον Δαβίδ σε θλίψη και οδύνη, γιατί τον αγαπούσε πολύ. Και όλα αυτά ξεκίνησαν από μια στιγμή αδυναμίας, όταν ο Δαβίδ επέτρεψε στις σαρκικές επιθυμίες και ορμές του να τον οδηγήσουν σε μια τέτοια αποτρόπαια και μοιραία πράξη.

Θα μπορούσε ποτέ να βγει κάτι καλό από όλο αυτό το χάος;

Ναι! Γιατί ο Θεός *μπορεί να χτίσει ίσια, ακόμα και πάνω σε στραβά θεμέλια!* Το πρώτο παιδί του Δαβίδ και της Βηθσαβεέ πέθανε. Όμως το δεύτερο δεν ήταν άλλος, παρά ο ίδιος ο βασιλιάς Σολομώντας. Τον οποίον βρίσκουμε στη γενεαλογία του Χριστού, του Σωτήρα του κόσμου. Ο Δαβίδ πλήρωσε τις συνέπειες της αμαρτίας του. Όμως ο Θεός έδειξε την συγχώρεση και το έλεός του, καθώς ευλόγησε την ίδια αυτή ένωση, που ξεκίνησε τόσο λάθος. Ο Δαβίδ και η Βηθσαβεέ έγιναν προπάτορες του Κυρίου Ιησού Χριστού και συνέβαλαν έτσι στο τέλειο σχέδιο σωτηρίας του Θεού για τον άνθρωπο. Τι μεγάλη τιμή! Και πόσο εκπληκτικοί και απρόβλεπτοι είναι οι δρόμοι του Θεού!

Για εμάς σήμερα, αυτό σημαίνει ότι ο Θεός μπορεί να πραγματοποιήσει τα σχέδιά του και τις καλές προθέσεις του στη ζωή μας, ακόμη και μέσα από τις πιο πολύπλοκες καταστάσεις. Όσα λάθη και αν έχουμε κάνει, όσο και αν παρεκκλίναμε από τον ίσιο δρόμο, αν επιστρέψουμε πίσω στον Θεό και ζητήσουμε τη συγχώρεσή του, Εκείνος θα ενεργήσει καλό μέσα από τη ζωή μας και θα μας φέρει σίγουρα στον προορισμό μας. Διότι...

Τα πάντα συνεργούν προς το αγαθό για αυτούς που αγαπούν τον Θεό. Για αυτούς που είναι καλεσμένοι, κατά την πρόθεση του Θεού.

(προς Ρωμαίους 8:28)

(κατά Ιωάννην 14:23) (προς Α' Κορινθίους 2:9)
(προς Β' Κορινθίους 6:18) (προς Γαλάτας 4:7)
(προς Α' Θεσσαλονικείς 5:24) (Ιακώβου 2:5)
(Αποκάλυψη Ιωάννου 21:5-7)

94. Ο ΘΕΟΣ ΓΡΑΦΕΙ ΓΡΑΜΜΑΤΑ ΣΤΟΝ ΚΟΣΜΟ, ΚΑΙ ΤΑ ΓΡΑΜΜΑΤΑ ΑΥΤΑ ΕΙΝΑΙ ΤΑ ΠΑΙΔΙΑ ΤΟΥ

Ας φανταστούμε ότι μια μέρα βρίσκουμε ένα γράμμα. Έναν φάκελο με μία λέξη πάνω του: «Άνοιξε!»

Γεμάτοι περιέργεια, σκίζουμε τον φάκελο και ανοίγουμε το γράμμα που βρίσκεται μέσα. Ξαφνικά, συνειδητοποιούμε ότι τα γράμματα πάνω στο χαρτί είναι ζωντανά! Κοιτάμε πιο προσεκτικά και βλέπουμε μικροσκοπικές φιγούρες να κινούνται, σαν μικρούς ανθρώπους. Και αυτά τα ανθρώπινα γραμματάκια δεν είναι γραμμένα με μελάνι, αλλά με κάτι διαφορετικό, όχι εύκολο να το προσδιορίσει κανείς. Κάτι ανεπαίσθητο, αδιόρατο, κάτι που μοιάζει με πνοή ή με πνεύμα...

Ψάχνουμε τον αποστολέα. *Ιησούς Χριστός;* Είναι αυτό δυνατόν; Και ο παραλήπτης; *Ο κόσμος;* Πώς γίνεται αυτό;

«Τι σημαίνουν όλα αυτά;» αναρωτιόμαστε. «Ο Υιός του Θεού στέλνει ένα γράμμα στον κόσμο, ένα προσωπικό μήνυμα στον καθένα, και το κείμενο, το περιεχόμενο του γράμματος είναι άνθρωποι;»

Μια τέτοια σκηνή φυσικά δεν πρόκειται να συμβεί στην πραγματικότητα. Ένα τόσο παράξενο και συναρπαστικό γράμμα δεν υπάρχει. Κι όμως, είναι αλήθεια ότι ο Ιησούς Χριστός στέλνει σ' αυτόν τον κόσμο μια προσωπική επιστολή, και αυτή η επιστολή είναι *άνθρωποι,* υπαρκτοί, αληθινοί. Είναι τα παιδιά του Θεού. Άνθρωποι που άνοιξαν την καρδιά και τη ζωή τους στον Θεό, γιατί κατάλαβαν πόσο πολύ τους αγαπάει Αυτός και πόσα θέλει να τους χαρίσει. Ο Θεός τους αποκαλεί παιδιά του, γιατί γεννήθηκαν από το Πνεύμα του. Τους έκανε καινούργιους ανθρώπους, οι οποίοι έχουν την επιθυμία, η ζωή τους να αντανακλά το πώς είναι ο Θεός και Πατέρας τους. Θέλουν να μάθουν να σκέφτονται, να βλέπουν, και να δρουν όλο και περισσότερο όπως ο Θεός. Να μοιάσουν όλο και περισσότερο στον Κύριό τους Ιησού Χριστό, τον Υιό του Θεού. Και ο Θεός εκπληρώνει αυτή τους την επιθυμία. Εργάζεται μέσα τους, μεταμορφώνοντάς τους σταδιακά. Έτσι διαμέσου της ζωής και της πίστης τους γίνονται αυτοί ένα *ζωντανό μήνυμα* προς τον κόσμο: ότι ο Θεός αγαπά κάθε άνθρωπο, θέλει να του χαρίσει συγχώρεση και μια καινούργια αρχή, μια νέα ζωή που αρχίζει εδώ σ' αυτόν τον κόσμο και δεν τελειώνει ποτέ.

Τα παιδιά του Θεού είναι ένα ανοιχτό και ζωντανό γράμμα από τον Θεό προς όλο τον κόσμο, προς κάθε άνθρωπο. Ένα γράμμα που πηγάζει από την καρδιά του Θεού και είναι γραμμένο με το Πνεύμα του. Όχι πάνω σε χαρτί ή σε πέτρα, αλλά πάνω σε καρδιές ανθρώπων. Ένα γράμμα από καρδιά σε καρδιά...

Μια επιστολή από τον Χριστό είστε εσείς,
που δεν γράφτηκε με μελάνι, αλλά με το Πνεύμα
του ζωντανού Θεού. Και όχι πάνω σε πέτρινες πλάκες,
αλλά πάνω σε καρδιές ανθρώπων.

(προς Β' Κορινθίους 3:3)

(Ιεζεκιήλ 11:19) (κατά Ματθαίον 5:16) (κατά Ιωάννην 1:12)
(προς Ρωμαίους 8:16) (προς Β' Κορινθίους 3:17)
(προς Γαλάτας 4:4-5) (προς Εφεσίους 5:1)
(προς Κολοσσαείς 3:10) (Α' Ιωάννου 3:1) (Α' Πέτρου 2:12)

95. Ο ΘΕΟΣ ΘΑ ΜΑΣ ΧΑΡΙΣΕΙ ΕΝΑ ΚΑΙΝΟΥΡΓΙΟ ΣΩΜΑ

Αυτό είναι καλύτερο από το να γνωρίζει κανείς το μυστικό της «αιώνιας νιότης»! Ο Θεός θα δώσει σε όσους του ανήκουν ένα καινούργιο σώμα, τέλειο και άφθαρτο. Χωρίς αρρώστιες, χωρίς πόνο, χωρίς θάνατο.

Αυτή η περίοδος πάνω στη γη κάποτε θα τελειώσει, και μια νέα εποχή θα ξεκινήσει. Η αιώνια βασιλεία του Θεού. Τότε, όλοι σε όσους χάρισε ο Θεός την αιώνια ζωή θα χαρούν να λάβουν το καινούργιο τους σώμα, με ικανότητες και δυνατότητες που υπερβαίνουν την ανθρώπινη φαντασία. Ένα σώμα ίδιο με το ένδοξο αναστημένο σώμα του Κυρίου μας, Ιησού Χριστού. Αυτό είναι ένα από τα πολλά δώρα που έχει ετοιμάσει ο Θεός για τα παιδιά του. Έδωσαν την ζωή τους σ' αυτόν τον κόσμο στον Θεό, καθώς την έζησαν γι' Αυτόν. Γι' αυτό θα λάβουν την ζωή τους πάλι πίσω, και θα έχει τότε αυτή μια νέα ποιότητα και μορφή, πέρα από κάθε προσδοκία ή όνειρο.

Είμαστε πολίτες του ουρανού. Από εκεί προσδοκούμε τον Σωτήρα μας, τον Κύριο Ιησού Χριστό. Αυτός θα μεταμορφώσει το φθαρτό μας σώμα, ώστε να γίνει όμοιο με το ένδοξο σώμα Του, με τη δύναμη που υποτάσσει τα πάντα στην εξουσία Του.

(προς Φιλιππησίους 3:20-21)

(κατά Λουκάν 20:36 και 24:36-43) (κατά Ιωάννην 20:19-20)
(προς Α' Κορινθίους 15:42-54) (προς Β' Κορινθίους 5:1)
(Α' Ιωάννου 3:2)

96. Ο ΘΕΟΣ ΕΙΝΑΙ Η ΔΥΝΑΜΗ ΚΑΙ ΤΟ ΣΤΗΡΙΓΜΑ ΜΑΣ

Οι εικόνες έκαναν τότε τον γύρο του κόσμου. Τον Σεπτέμβριο του 2016, στον τελικό του Παγκόσμιου Πρωταθλήματος Τριάθλου, ο Τζόναθαν Μπράουνλι μπήκε πρώτος στην τελική ευθεία. Μόλις 400 μέτρα τον χώριζαν από τη γραμμή του τερματισμού και τη νίκη. Όμως ξαφνικά οι δυνάμεις του τον εγκατέλειψαν. Τα πόδια του δεν τον κρατούσαν πια, και κινδύνευε να καταρρεύσει. Τι τραγικό τόσο κοντά στο τέρμα! Όλες οι θυσίες και οι σκληρές προπονήσεις για το τίποτα;

Όλος ο κόσμος παρακολουθούσε με αγωνία και έγινε μάρτυρας μιας συγκινητικής πράξης, γεμάτη ανθρωπιά, ανιδιοτέλεια και αληθινό αθλητικό πνεύμα. Ο αδερφός του Τζόναθαν, ο Άλιστερ Μπράουνλι, που έτρεχε πίσω του στη δεύτερη θέση, δεν δίστασε ούτε στιγμή να του προσφέρει βοήθεια. Θα μπορούσε εύκολα να τον προσπεράσει και να κερδίσει ο ίδιος τον αγώνα. Όμως αντί γι' αυτό, έβαλε γρήγορα το χέρι του εξαντλημένου αδερφού του πάνω στον ώμο του, και πιάνοντας τον από τη μέση έτρεξαν και οι δυο μαζί τα τελευταία μέτρα μέχρι τον τερματισμό.

Αυτό αποτελεί μια όμορφη εικόνα για αυτό που διαβάζουμε στην Αγία Γραφή. Όσους θέλουν να ζήσουν τη ζωή τους με τον Χριστό και για τον Χριστό, έχοντας ως στόχο να είναι μαζί του στην βασιλεία του, αυτούς ο απόστολος Παύλος τους περιγράφει σαν δρομείς μέσα στο στάδιο. Κάνουν μεγάλο κόπο, πολλές φορές και θυσίες, δέχονται στερήσεις, επειδή θέλουν να κερδίσουν το στεφάνι της νίκης. Όμως, όπως συνέβη με αυτόν τριαθλητή, έρχεται κάποιες φορές η στιγμή που οι δυνάμεις λιγοστεύουν, τα πόδια τρέμουν και οι δρομείς κινδυνεύουν να πέσουν. Ο Κύριος όμως έχει τη δύναμη να τους κρατήσει όρθιους. Τους πιάνει απ' το χέρι, τους στηρίζει και τους οδηγεί μέχρι την τελική γραμμή.

Σε αντίθεση με έναν αγώνα στο στάδιο, κανένας άνθρωπος δεν είναι αρκετά δυνατός για να φτάσει μόνος του στο τελευταίο και στο πιο σημαντικό τέρμα. Ο δρόμος μπορεί να είναι μακρύς και ο χρόνος πολύς μέχρι να φτάσουμε στον καινούργιο κόσμο του Θεού, και η δύναμή μας είναι περιορισμένη. Όμως, αν ο Θεός ξεκίνησε το έργο του μέσα μας, τότε σίγουρα θα το ολοκληρώσει. Αυτός ο ίδιος ενεργεί μέσα μας, ώστε να μένουμε στην πίστη, και να έχουμε αντοχή. Και αν ακόμα σκοντάψουμε και πέσουμε, Εκείνος θα μας σηκώσει και θα μας βοηθήσει να συνεχίσουμε. Κοιτάζοντας πάντα μπροστά, θα ακολουθούμε τον Κύριό μας με εμπιστοσύνη, και ιδιαίτερα μέσα στην αδυναμία μας θα βιώσουμε πως η δύναμή του φανερώνεται τέλεια!

Αυτός που άρχισε μέσα σας το καλό έργο,
θα το ολοκληρώσει, μέχρι την ημέρα του Ιησού Χριστού.

(προς Φιλιππησίους 1:6)

Το αν ένας δούλος του Κυρίου στέκεται ή πέφτει,
είναι υπόθεση ανάμεσα σε εκείνον και τον Κύριό του.
Αλλά θα σταθεί όρθιος, νιατί ο Κύριος έχει τη δύναμη
να τον στηρίξει.

(προς Ρωμαίους 14:4)

(Ψαλμός 62:5-8) (Ψαλμός 125:1)
(προς Α' Κορινθίους 1:8 και 9:25-26)
(προς Φιλιππησίους 3:11-4) (Ιούδας 24)

«Πάτερ ἡμῶν ὁ ἐν τοῖς οὐρανοῖς, ἁγιασθήτω τὸ ὄνομά σου. Ἐλθέτω ἡ βασιλεία σου...»

Έτσι ξεκινά η προσευχή που ο Ιησούς Χριστός δίδαξε στους μαθητές του, όταν τον ρώτησαν πώς πρέπει να προσεύχονται. Αυτά τα λόγια ισχύουν και για μας σήμερα. Μπορούμε και πρέπει να προσευχόμαστε να έρθει η βασιλεία του Θεού. Αλλά τι ακριβώς είναι αυτή η βασιλεία;

«Βασιλεία» είναι η κατάσταση κι ο τόπος που κάποιος κυριαρχεί και έχει εξουσία. Στη βασιλεία του Θεού κυριαρχεί και ενεργεί ο Θεός. Εκεί, το κακό, ο πόνος και η θλίψη δεν έχουν θέση. Εκεί βασιλεύει η αγάπη, η χαρά, η ειρήνη και η δικαιοσύνη.

Η βασιλεία και η κυριαρχία του Θεού είναι εντελώς διαφορετική από τα βασίλεια αυτού του κόσμου. Εκτείνεται σε όλη τη δημιουργία, σε ολόκληρο το σύμπαν, τόσο στον ορατό όσο και στον αόρατο κόσμο, και πέρα από τα όρια του χώρου και του χρόνου. Είναι ωστόσο εκπληκτικό το γεγονός ότι η βασιλεία του Θεού δεν βρίσκεται μόνο σε τέτοιες διαστάσεις, αλλά επίσης και στην καρδιά ενός ανθρώπου, που δέχτηκε τον Χριστό ως Σωτήρα και Κύριό του.

Η Αγία Γραφή παρομοιάζει τη βασιλεία του Θεού σαν κάτι κρυφό αλλά εξαιρετικά πολύτιμο. Ξεκινά σαν κάτι μικρό και αφανές αλλά φέρνει με τον καιρό μεγάλη αλλαγή. Όπως ένας μικρός σπόρος που γίνεται ένα μεγάλο δέντρο, ή λίγο προζύμι που ζυμώνει ολόκληρη τη ζύμη. Αυτό σημαίνει ότι δεν είναι πάντα φανερό στα μάτια μας το τι και το πως ενεργεί ο Θεός, ώστε συχνά να μην αντιλαμβανόμαστε τις διαστάσεις του έργου του. Όμως, κάποια μέρα, η βασιλεία του Θεού και η εξουσία του θα γίνει σε όλους φανερή, όταν ο Ιησούς Χριστός γυρίσει ξανά για να βασιλέψει σε όλη τη γη.

Μέχρι τότε ο Θεός συνεχίζει να οικοδομεί την βασιλεία του, και όσοι τον δέχτηκαν στην καρδιά και στη ζωή τους μπορούν σαν πιστοί υπηρέτες του Θεού να συμμετέχουν. Όλοι είμαστε σε αυτό προσκεκλημένοι. Και μπορούμε ήδη από τώρα να πάρουμε μια γεύση από αυτό που ο Θεός έχει υποσχεθεί για το μέλλον, για εκείνους που τον αγαπούν. Αυτά που «μάτι δεν είδε, αυτί δεν άκουσε, και σε καρδιά ανθρώπου δεν ανέβηκαν».

Θα δεχτούμε αυτήν την πρόσκληση να υπηρετήσουμε τον Θεό, καθώς Αυτός ετοιμάζει την βασιλεία του;

Πλησίασε η βασιλεία του Θεού!
Μετανοείτε και πιστεύετε στο Ευαγγέλιο.
Δεχτείτε τη βασιλεία του Θεού σαν παιδιά,
γιατί σε τέτοιους ανήκει αυτή.

(κατά Μάρκον 1:15 και 10:14-15)

(κατά Ματθαίον 6:33 και 13:31-33 και 13:44-46)
(κατά Μάρκον 10:15) (κατά Λουκάν 17:21 και 18:16-17)
(κατά Ιωάννην 3:3) (προς Ρωμαίους 14:17)
(προς Α' Κορινθίους 2:9 και 4:20)

98. Ο ΘΕΟΣ ΘΑ ΚΑΝΕΙ ΚΑΠΟΤΕ ΤΑ ΠΑΝΤΑ ΚΑΙΝΟΥΡΙΑ

Δεν χρειάζεται να έχει κανείς εξαιρετική όραση ή να βγάλει τα «ροζ γυαλιά» για να καταλάβει ότι το περιβάλλον μας κατευθύνεται προς μια κατεύθυνση που είναι απειλητική για τη ζωή. Στις μέρες μας γίνεται παντού λόγος για την κλιματική αλλαγή, για το φαινόμενο του θερμοκηπίου, για το λιώσιμο των πολικών πάγων, για τη ρύπανση της ατμόσφαιρας και των υδάτων, για το νέφος, για τα σκουπίδια στη φύση και στους ωκεανούς, για τα μικροπλαστικά στο νερό, για την αποψίλωση και τον θάνατο των δασών, για την εξάντληση φυσικών πόρων, για την εξαφάνιση ειδών, για περιβαλλοντικές καταστροφές και για πολλά άλλα...

Πως φτάσαμε σ' αυτό το σημείο;

Όταν ο Θεός έπλασε τον άνθρωπο, του έδωσε την εντολή να γεμίσει τη γη. Του έδωσε εξουσία πάνω στη φύση και στα ζώα. Όχι όμως με σκοπό να κυριαρχήσει καταστρέφοντας τα πάντα. Ο Θεός ανάθεσε στον άνθρωπο την ευθύνη να φροντίσει, να προστατεύσει και να διατηρήσει τη δημιουργία. Δυστυχώς, ο άνθρωπος δεν εκπλήρωσε σωστά την αποστολή του. Η αποτυχία του έφερε φανερές συνέπειες όχι μόνο στον ίδιο, αλλά και σε όλον τον ζωτικό και φυτικό κόσμο.

Τα πράγματα δεν θα μείνουν όμως έτσι απελπιστικά για πάντα. Θα είναι μια μεγάλη χαρά και ανακούφιση όταν ο Ιησούς Χριστός επιστρέψει στη γη και εγκαθιδρύσει τη βασιλεία της ειρήνης του Θεού. Τότε, ο Θεός θα ελευθερώσει ολόκληρη τη δημιουργία από την κατάρρευση και φθορά.

Ναι, ο Θεός θα κάνει τα πάντα καινούρια!

Όλη η κτίση προσδοκά να φανερωθούν τα παιδιά του Θεού, με την ελπίδα ότι και αυτή θα μεταβεί από τη σκλαβιά της φθοράς στην ελευθερία τής δόξας που θα έχουν τα παιδιά του Θεού.

(προς Ρωμαίους 8:19-22)

Και είδα έναν καινούργιο ουρανό και μια καινούργια γη, γιατί ο πρώτος ουρανός και η πρώτη γη παρήλθαν...

(Αποκάλυψη Ιωάννου 21:1)

(Γένεσις 1:27-31) (Ησαΐας 2:4 και 55:13 και 65:17)
(προς Ρωμαίους 8:19-22) (προς Β' Κορινθίους 5:17)
(Αποκάλυψη Ιωάννου 21:1-5)

99. Ο ΘΕΟΣ ΘΑ ΑΝΤΑΜΕΙΨΕΙ ΑΥΤΟΥΣ ΠΟΥ ΝΙΚΟΥΝ

Το να πηγαίνει κανείς κόντρα στο ρεύμα δεν ήταν ποτέ εύκολο. Κι όμως, αυτό ακριβώς είναι μερικές φορές απαραίτητο αν θέλουμε να ακολουθήσουμε τον Χριστό. Ίσως να το καταφέρνουμε καλύτερα, όσο περισσότερο κατανοούμε τον τρόπο σκέψης του Θεού και όσο περισσότερο αλλάζει Αυτός τον εσωτερικό μας άνθρωπο. Αλλά εύκολο δεν θα γίνει ποτέ...

Υπάρχουν πολλά που συχνά μας εμποδίσουν να ακολουθούμε τον Χριστό με συνέπεια και να ζούμε σύμφωνα με το καλό σχέδιο του Θεού. Δυσκολίες στη ζωή, προκλήσεις που απαιτούν όλη μας τη δύναμη, η αντίσταση που βρίσκουμε γύρω μας, αλλά και η αντίσταση μέσα μας. Είναι επίσης τόσα πολλά αυτά που θέλουμε ακόμη να πετύχουμε, να ζήσουμε, και υπάρχουν αμέτρητες επιλογές για δραστηριότητες, εμπειρίες και διασκεδάσεις. Όλα αυτά αποσπούν την προσοχή μας, ναι, συχνά μας τυφλώνουν, ώστε να μην βρίσκουμε χρόνο και ησυχία για να συλλογιστούμε σημαντικά πράγματα που αφορούν την ζωή που έρχεται μετά από αυτήν τη ζωή. Κι έτσι μπορούν να γίνουν μια παγίδα που τελικά μας εμποδίζει να φτάσουμε στον στόχο μας, που είναι η αιώνια ζωή.

Όμως, έχουμε κάποιον στο πλευρό μας που νίκησε αυτόν τον κόσμο. Τον Ιησού Χριστό. Αυτός μας δίνει υπομονή και αντοχή να μείνουμε στον δρόμο καθώς τον ακολουθούμε. Μας σηκώνει όταν πέφτουμε και μας φέρνει πάλι πίσω όταν ξεφεύγουμε. Μας κάνει νικητές και μας οδηγεί στον Πατέρα Θεό, που είναι η αρχή μας και ο προορισμός μας. Και εκεί, στο τέλος του δρόμου, μας περιμένει η αμοιβή, το στεφάνι της νίκης για την πίστη και την υπομονή μας. Αυτή είναι η μεγαλύτερη τιμή, και μάλιστα από Εκείνον στον οποίο ανήκει όλη η τιμή και η δόξα για πάντα.

Διότι κάθε τι που έχει γεννηθεί από τον Θεό νικά τον κόσμο. Και αυτή είναι η νίκη που νίκησε τον κόσμο: Η πίστη μας.

(Α' Ιωάννου 5:4)

Όποιος νικά,
σε αυτόν θα δώσω να φάει από το δέντρο της ζωής.

Όποιος νικά,
αυτόν δεν θα τον βλάψει ο δεύτερος θάνατος.

Όποιος νικά,
αυτός θα λάβει από Μένα ένα καινούργιο όνομα.

Όποιος νικά,
και φυλάει μέχρι το τέλος τα έργα μου,
σε αυτόν θα δώσω εξουσία επάνω στα έθνη.

Όποιος νικά,
αυτός θα ντυθεί με λευκά ιμάτια.
Δεν θα εξαλείψω το όνομά του από το βιβλίο τής ζωής,
και θα ομολογήσω το όνομά του μπροστά στον Πατέρα μου
και στους αγγέλους Του.

Όποιος νικά,
αυτόν θα τον κάνω στύλο στο ναό του Θεού μου.
Θα γράψω το όνομα του Θεού μου επάνω του,
και το όνομα της πόλης του Θεού μου, της νέας Ιερουσαλήμ,
που κατεβαίνει από τον ουρανό, και το νέο μου όνομα.

Όποιος νικά,
σε αυτόν θα δώσω να καθίσει μαζί μου στον θρόνο μου.

Όποιος νικά,
αυτός θα κληρονομήσει τα πάντα.
Κι εγώ θα είμαι σ' αυτόν Θεός, και αυτός θα είναι παιδί μου.

(Αποκάλυψη Ιωάννου 2:7 και 11 και 17 και 26)
(Αποκάλυψη Ιωάννου 3:5 και 12 και 21)
(Αποκάλυψη Ιωάννου 21:7)

 (κατά Ματθαίον 16:25) (προς Ρωμαίους 8:37)
(προς Β' Τιμόθεον 4:8) (Ιακώβου 1:12)
(Α' Ιωάννου 4:4 και 5:5) (Αποκάλυψη Ιωάννου 2:10)

100. Ο ΘΕΟΣ ΘΑ ΝΙΚΗΣΕΙ ΤΟ ΚΑΚΟ ΟΡΙΣΤΙΚΑ

Ο Ιησούς Χριστός έρχεται. Θα φέρει την οριστική νίκη πάνω στο κακό, και θα εξαλείψει οριστικά ό,τι αντιστάθηκε στον Θεό. Θα ανορθώσει τον πεσμένο κόσμο και θα ανακαινίσει ολοκληρωτικά τη δημιουργία. Όλη αυτή η αναστάτωση, η δυστυχία, ο πόνος, η καταστροφή, θα λάβουν τέλος.

Η μάχη προς το παρόν ακόμα συνεχίζεται. Βρισκόμαστε στο επίκεντρό της. Όμως η νίκη είναι ήδη πραγματικότητα! Μπορούμε κι εμείς να σταθούμε στο πλευρό του Νικητή και να πολεμήσουμε μαζί του. Η μάχη δεν είναι εύκολη και θα υπάρξουν τραύματα και πληγές, γιατί ο εχθρός του Θεού και δικός μας εχθρός είναι ισχυρός. Όμως δεν πολεμάμε μόνοι μας. Πολεμάμε στο πλευρό του Νικητή! Όπως το περιγράφει αυτή η ιστορία:

***

ΣΤΟ ΜΕΤΩΠΟ

Η μάχη είχε φουντώσει, χρειάζονταν περισσότερους. Αποφάσισα να πάω στο μέτωπο και να πολεμήσω. Όμως μέσα μου είχα φόβο, γιατί ο εχθρός ήταν ισχυρός...

Όταν έφτασα, ήταν όλα ήσυχα. Παράξενο! Ήταν αυτή στα αλήθεια η πρώτη γραμμή;

Ξαφνικά, λάμψεις και βρόντοι ξέσπασαν παντού. Ένας οξύς πόνος, κι ύστερα σκοτάδι! Τα μάτια μου! Δεν μπορούσα να δω τίποτα! Έπεσα στο έδαφος και φώναζα για βοήθεια. Με άκουγε κανείς;

Ένα δυνατό χέρι έπιασε το μπράτσο μου. «Σήκω!», άκουσα κάποιον να μου λέει. Η φωνή του ήταν ζεστή και σίγουρη, όμως δεν μπορούσα να τον δω. Τα μάτια μου έμεναν κλειστά, πονούσαν πολύ!

«Πρέπει να φύγω από εδώ!», φώναξα.

«Γιατί ήρθες;» με ρώτησε Αυτός ήρεμα.

«Ήθελα να βοηθήσω, αλλά δεν μπορώ, είμαι τραυματισμένος!» Βόγγηξα, και ήταν η απογοήτευση και η απελπισία που με έκαναν να πονάω περισσότερο, από ότι με πονούσαν τα μάτια μου.

«Είμαστε όλοι πληγωμένοι εδώ», είπε Εκείνος, «αλλά συνεχίζουμε να πολεμάμε. Ο εχθρός είναι ισχυρός, όμως η νίκη είναι βέβαιη. Κι εσύ στέκεσαι στην πλευρά του Νικητή.»

Ένιωσα το χέρι του να αγγίζει τα μάτια μου. Έμεινε κοντά μου, και σιγά-σιγά ο πόνος υποχώρησε. Η όρασή μου άρχισε να καθαρίζει. Μπορούσα να δω, πως δεν ήμασταν μόνοι. Παντού υπήρχαν συμπολεμιστές. Οι δυνατοί στήριζαν τους πληγωμένους και σήκωναν αυτούς που είχαν πέσει. Και όλοι είχαν σημάδια από πληγές...

«Θα πάρει ακόμα λίγο χρόνο μέχρι να μπορέσεις να δεις τα πάντα ξεκάθαρα, αλλά μη φοβάσαι! Έλα μαζί μου! Εμπιστεύσου με!»

Ο δρόμος ήταν γεμάτος πέτρες και κρατήρες, που προκαλούσαν οι οβίδες και οι εκρήξεις. Ο πόλεμος αντηχούσε κοντά και μακριά. Έπρεπε να μείνουμε σε εγρήγορση! Εκείνος πήγαινε μπροστά, και οι υπόλοιποι ακολουθούσαμε ο ένας δίπλα στον άλλον.

Δεν μας είπε πόσο ακόμα θα κρατήσει η μάχη, ούτε και ξέραμε πόσες πληγές και τραυματισμοί ακόμη θα υπάρξουν. Αλλά για ένα πράγμα είμασταν σίγουροι: Πολεμούσαμε στο πλευρό του Νικητή!

***

Ναι, μπορεί η πορεία μας ως ακόλουθοι του Ιησού Χριστού σε αυτόν τον κόσμο να συνοδεύεται από μάχες και πληγές, μπορεί να χρειαστεί να διαβούμε σκοτεινές κοιλάδες και μονοπάτια μες στην ομίχλη. Όμως έχουμε στο πλευρό μας Εκείνον που νίκησε τον κόσμο, τον Ιησού Χριστό. Αν ο δικός του αγώνας είναι και δικός μας, τότε ο δικός μας αγώνας είναι και δικός του.

Και στο τέλος, όταν Εκείνος επιστρέψει και συντρίψει οριστικά το κακό, όταν θα έχουμε πια τελειώσει τον καλό αγώνα της πίστης, τότε θα μας περιμένει το στεφάνι της νίκης και μια ένδοξη αιωνιότητα στην παρουσία του Θεού.

Ας γίνει και δική μας αυτή η προσευχή του αποστόλου Παύλου και ας επαναλάβουμε τα λόγια του αποστόλου Ιωάννη:

Αμήν! Ναι, έλα, Κύριε Ιησού!

Ο Θεός του Κυρίου μας Ιησού Χριστού, ο Πατέρας τής δόξας, να σας δώσει πνεύμα σοφίας και αποκάλυψης, για να Τον γνωρίσετε ακόμη καλύτερα.
Είθε Αυτός να φωτίσει τα μάτια τού νου σας, για να γνωρίσετε τι ελπίδα περιέχει η πρόσκλησή Του, πόσο πλούσια σε δόξα είναι η κληρονομιά Του, για τους αγίους Του, και πόσο υπερβολικά μεγάλη είναι η δύναμή Του σε εμάς που πιστεύουμε.
Είναι η ίδια κυρίαρχη δύναμη, με την οποία ο Θεός ενέργησε στον Χριστό, όταν Τον ανέστησε από τους νεκρούς και Τον κάθισε στα δεξιά Του στον ουρανό, πάνω από κάθε αρχή και εξουσία, και δύναμη και κυριότητα, και πάνω από κάθε όνομα που ονομάζεται, όχι μόνο στον παρόντα κόσμο, αλλά και στον μελλοντικό.
Ο Θεός υπέταξε τα πάντα κάτω από τα πόδια του Χριστού και τον έθεσε πάνω από όλους ως κεφαλή στην εκκλησία, η οποία είναι το σώμα Του, η πληρότητα Εκείνου ο οποίος γεμίζει πλήρως τα πάντα.

(Απόστολος Παύλος, προς Εφεσίους 1:17-23)

Ιδού, έρχομαι γρήγορα.

Εγώ Είμαι το Άλφα και το Ωμέγα,
η Αρχή και το Τέλος, ο Πρώτος και ο Τελευταίος.
Και το Πνεύμα και η νύφη λένε: Έλα!
Και όποιος ακούει ας πει: Έλα!
Όποιος διψάει ας έρθει!
Κι όποιος θέλει ας παίρνει το νερό της ζωής δωρεάν!

(Αποκάλυψη Ιωάννου 22:12-13 και 22:17)

(κατά Ιωάννην 8:44) (προς Ρωμαίους 16:20)
(προς Α' Κορινθίους 1:1-2) (προς Εφεσίους 5:30)
(προς Κολοσσαείς 1:18 και 1:27) (προς Κολοσσαείς 3:12)

212

Το τελοσ του βιβλιου, αλλα οχι του δρομου...

Φτάσατε στο τέλος του βιβλίου, αλλά το ταξίδι σας συνεχίζεται. Ελπίζω αυτό το βιβλίο να ήταν ένας καλός σύντροφος όλες τις μέρες που το διαβάζατε, και ίσως το πάρετε μαζί σας συντροφιά για λίγο ακόμη στον δρόμο σας.

Πολλά από όσα διαβάσατε εδώ ίσως ήταν εύκολα κατανοητά, ορισμένα όμως αφήνουν ανοιχτά ερωτήματα. Μερικά από αυτά τα ερωτήματα πιθανώς θα συνεχίσουν να απασχολούν εμάς τους ανθρώπους σ' όλη μας τη ζωή. Κάποια άλλα θα μπορέσουμε να τα απαντήσουμε με το πέρασμα του χρόνου, όσο περισσότερο διαβάζουμε την Αγία Γραφή και όσο περισσότερο ανοίγουμε τις καρδιές μας σε αυτά που λέει και κάνει ο Θεός στη ζωή μας. Παρόλες τις ερωτήσεις και τις αναζητήσεις, ας κρατήσουμε πάντα αυτά τα πέντε πράγματα στην καρδιά μας:

✓ Ο Θεός μας αγαπά.

✓ Ο Θεός θέλει να είναι κοντά μας, να μας οδηγήσει και να μας στηρίξει στην ζωή μας.

✓ Ο Θεός θέλει να μας συγχωρέσει και να μας φέρει στον προορισμό μας, ώστε να είμαστε αιώνια μαζί του.

✓ Ο Θεός έστειλε τον Υιό του, Ιησού Χριστό, για να πληρώσει με τον σταυρικό του θάνατο για την δικιά μας αμαρτία, που μας χωρίζει από τον Θεό.

✓ Όποιος ζητήσει συγχώρεση, πιστέψει στον Χριστό, και τον θέσει Κύριο στην ζωή του, θα γίνει παιδί του Θεού και θα λάβει την Αιώνια Ζωή.

Σε αυτό το σημείο, θα ήθελα να γράψω λίγες γραμμές για το προσωπικό μου ταξίδι μέχρι εδώ.

Είχα το προνόμιο να συναντήσω τον Θεό αρκετά νωρίς στη ζωή μου. Ίσως ακούγεται παράξενο, αλλά δεν μπορώ να το ονομάσω διαφορετικά από «συνάντηση», αυτό που έζησα στη νεανική μου ηλικία. Για πρώτη φορά αναγνώρισα την ασύλληπτη αγάπη του Θεού, όταν άκουσα μια γνωστή μου να μιλάει για τις διαλυμένες ελπίδες της και την συντριμμένη της καρδιά. Και πώς ο Θεός μάζεψε τα θραύσματα της ζωής της και έφτιαξε από αυτά κάτι εντελώς νέο και υπέροχο. Ο Θεός τότε με άγγιξε βαθιά, και δεν μπορούσα παρά να εμπιστευτώ τη ζωή μου στα χέρια του.

Από τότε βαδίζω μαζί με τον Χριστό και μαθαίνω ολοένα και περισσότερο, ποιος είναι ο Θεός, και πώς Αυτός ενεργεί μες στη ζωή και την καθημερινότητά μου. Και όσο περισσότερο καταλαβαίνω το πώς βλέπει και σκέφτεται ο Θεός, τόσο περισσότερο αλλάζει ο τρόπος που βλέπω και σκέφτομαι και εγώ. Αυτό μου χαρίζει εσωτερική ηρεμία, καλύτερη διαύγεια, καθώς και νέα δύναμη και αποφασιστικότητα.

Σε ώρες που τα πράγματα ήταν δύσκολα, είχα την ευκαιρία να βιώσω ιδιαίτερα τη φροντίδα του Θεού. Όταν στα είκοσι μου υπέφερα για μεγάλο διάστημα από ψυχαναγκασμούς, και κάποια στιγμή άρχισα να απελευθερώνομαι, σαν κάποιος να πάτησε έναν διακόπτη στο μυαλό μου, όταν ο σύζυγός μου στα τριάντα του δεν μπορούσε να πάρει ανάσα σαν ανέβαινε τις σκάλες και χρειάστηκε να υποβληθεί σε εξάωρη εγχείρηση καρδιάς, και όταν το παιδί μου μόλις σε ηλικία οκτώ χρονών χτυπήθηκε από αυτοκίνητο και επέζησε μόνο από θαύμα, τότε είδα και κατάλαβα, ότι ο Θεός κρατάει τον έλεγχο στα χέρια του ακόμα και στο παραπέντε, ότι κάνει θαύματα, ότι μπορεί να φέρνει φως και πάλι μετά από μια μεγάλη σκοτεινή περίοδο, ότι σχεδιάζει εκ των προτέρων, και ότι δεν κάνει ποτέ λάθη...

Το ταξίδι μου συνεχίζεται και η μεγαλύτερη επιθυμία μου είναι να μάθω όλο και περισσότερο να εμπιστεύομαι τον Θεό Πατέρα μου, και το πώς Αυτός με οδηγεί. Ώστε μια μέρα να μπορέσω να σταθώ μπροστά του και μπροστά στον Σωτήρα μου, Ιησού Χριστό, και να πω ευχαριστώ για όλη την αγάπη, την υπομονή και τη φροντίδα που έδειξε ο Θεός στη ζωή μου.

Όσο ακόμα ζω σε αυτόν τον κόσμο, θέλω με τη βοήθεια του Θεού και με ό,τι Αυτός μου χαρίζει, να είμαι ένα χρήσιμο εργαλείο στα χέρια του, ώστε και άλλοι άνθρωποι να μάθουν για την αγάπη του και το καλό του σχέδιο, και να του εμπιστευτούν τη ζωή τους. Ελπίζω ο Θεός να χρησιμοποιήσει το βιβλίο μου για αυτόν το σκοπό, όπως επίσης και τα τραγούδια που γράφω και τραγουδάω. Θα τα βρείτε στην ιστοσελίδα μου **eleni.vug-band.de**

Εύχομαι ο Θεός να χρησιμοποιήσει αυτά τα τραγούδια κι αυτό το βιβλίο, ώστε να αγγίξει τον νου και την καρδιά σας, και να σας χαρίσει πολύτιμες σκέψεις, αναζωογόνηση και αιώνια προοπτική!

Ο Θεός είναι ο Μεγάλος στο πλάι σας! Είθε Αυτός να ενεργήσει στη ζωή σας και να σας φέρει στον προορισμό σας!

Καλό ταξίδι!

Ελένη Στάμμπκε (Stambke)
Μάρτιος 2025

Προς την ιστοσελίδα
eleni.vug-band.de

Προς την You Tube Playlist
Ώρα Γαλήνης με Τραγούδια-Σκέψεις-Προσευχές